8° Z
LE SENNE
12171

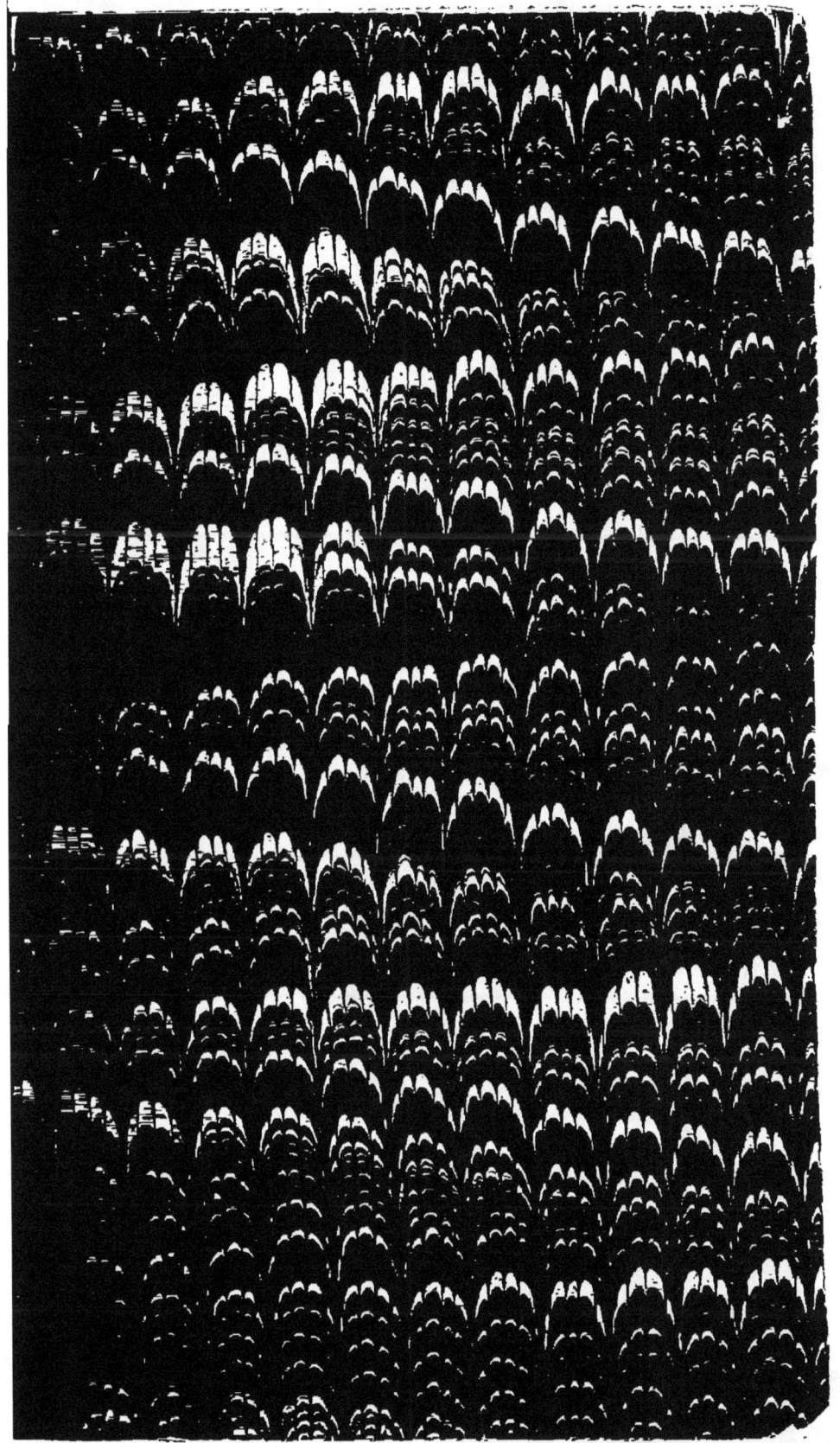

VOYAGE

AUX FAUBOURGS

S. MARCEL ET S. JACQUES.

VOYAGE

AUX FAUBOURGS

S. MARCEL ET S. JACQUES,

PAR DEUX HABITANS

DE LA CHAUSSÉE D'ANTIN.

Les longs *voyages* me font peur.

DE L'IMPRIMERIE D'A. ÉGRON.

A PARIS,

Chez CAPELLE et RENAND, Libraires,
rue J.-J. Rousseau.

1806.

ERRATA.

Pag. 32, lig. 11; la baigneuse de *Houdon;* lisez de *Julien.*

VOYAGE

VOYAGE

AUX FAUBOURGS

S. MARCEL ET S. JACQUES.

CHAPITRE PREMIER.

Le lever d'un jeune homme. — Sa correspondance. — Son déjeûner.

« Que faites-vous aujourd'hui, mon cher Théodore ? — Quelle heure est-il ? — Dix heures. — Il est encore trop tôt pour me décider à quelque chose :

laissez - moi d'abord me réveiller...... »

Tel étoit le dialogue qui venoit de s'établir entre Théodore, jeune fou, âgé de vingt-deux ans au plus, vif, étourdi, léger, mais cependant bon et sensible, et son ami Sainclair, autre personnage, un peu moins jeune et un peu moins fou que le premier, mais lancé comme lui dans le tourbillon du grand monde ; en reconnoissant les dangers et les vanités, mais trop foible pour s'en détacher tout-à-fait ; aimant les sciences et les arts, mais trop dissipé pour pouvoir s'y livrer avec fruit ; ayant dans le fond de son cœur des principes solides, mais entraîné trop souvent dans le sentier du vice aimable.

Cependant Théodore se réveilloit ; il avoit sonné son domestique, demandé ses lettres, et il s'amusoit à parcourir les divers journaux. — Qu'est-ce qu'il y a de nouveau ? demanda Sainclair en bâillant. — Rien, absolument rien. On donne *Phèdre* aux Français. — Comme à l'ordinaire. — *OEdipe à Colonne*, à l'Opéra. — Comme à l'ordinaire. — *Lodoïska*, aux Italiens. — Comme à l'ordinaire. — *Fanchon la Vielleuse*, au Vaudeville. — Comme à l'ordinaire. — Geoffroy est méchant.

— Mais charmant; c'est son habitude. — Le *Publiciste* nous donne chaque matin, dans son feuilleton, ce que S... nous revendra plutard en gros volumes in-8°. — C'est un double moyen de faire fortune. — Le *Journal de Paris* est toujours sans couleur; celui des *Spectacles* sans intérêt; le petit *Journal des Modes*, frais et piquant, semé d'anecdotes malignes : voilà tout. Tenez et parcourez. — Non, poursuivez votre analyse. — Impossible. Il faut que j'ouvre quelques lettres...... Joseph, préparez-nous du thé.

« Il est fou, je crois, ce Dorville ! Me proposer un duel,

parce que l'autre jour à l'Opéra je dis deux mots à Madame***. Mais qui ne sait pas que Madame*** est une femme sans conséquence ? Cependant, si cela amuse *Monsieur*, nous nous battrons. Il m'a donné deux jours pour réfléchir !..... Il veut que cette querelle s'arrange. Quand on est bien décidé à se tuer, on finit ces sortes d'affaires dans les vingt-quatre heures. — C'est la règle. — A une autre. Voilà qui est plus consolant au moins ! C'est Madame P*** qui me dit des douceurs. Permettez-vous, Sainclair, que je vous fasse part de cette bonne fortune: Ah! ah! ah!

« C'est effroyable, mon cher
» Théodore ! on ne vous voit
» plus. Etes-vous donc en-
» terré ? On vous cherche dans
» les cercles brillans, aux con-
» certs fameux, aux débuts des
» actrices, aux représentations
» à bénéfice : vous n'êtes nulle
» part. Que faites-vous, que
» devenez-vous ? Vous me né-
» gligez furieusement, petit in-
» grat ! Fi ! que c'est vilain de
» tromper ainsi celle qui vous
» aime si tendrement. Hélas !
» d'après mon cœur,

Je n'aurois jamais cru
Que l'on pût trahir son amie.

» Adieu, méchant, je vous at-
» tends ce soir. »

— Mortel trop heureux ! s'écria Sainclair. — Vous vous trompez, mon cher ; cette femme que vous croyez folle de moi, m'écrit par distraction, m'aime par caprice, et me quittera demain. — Si cela n'est déjà fait... Ne voyez-vous pas que je me moque de votre conquête.

— Voici une lettre d'un tout autre style. Ecoutez : ceci est sérieux.

Monsieur,

« Celle-ci est pour vous ins-
» truire que le mémoire des ob-
» jets que je vous ai faits et
» fournis, pendant la saison

» montant, à la somme de 1508 l.
» 6 s. 5 d., a été présenté par
» votre très-humble serviteur
» à Monsieur votre père, qui
» s'est mis en colère, et a dé-
» claré qu'il ne l'acquitteroit
» jamais. Pourquoi, Monsieur,
» je vous prie d'avoir égard à
» mon dû, et satisfaire à ma
» demande,

» avec laquelle

» J'ai l'honneur d'être,

» JUSTE, sellier, boulevard
» de la Madeleine. »

Ah! mon père s'est fâché!.....
il a eu raison. J'ai mangé cet
hiver un argent fou. Mais je

l'appaiserai, en lui promettant de devenir plus sage. —

Ces sermens-là, ça n'tient pas ferme.

— Vous croyez, mon ami ? vous êtes dans l'erreur. Je commence à me lasser du monde. Songez-donc que j'ai vingt-trois ans tout à l'heure. Ma foi, il n'y a plus rien de neuf.... Tout commence à s'user pour moi.

Je finis ma correspondance. Je suis à vous, Sainclair. J'achève une lettre de mon ami Saint-Etienne. Que d'esprit ! je ne puis résister au plaisir de vous lire toutes les jolies choses qu'il me mande. — Contentez-vous.

« Mon ami, je passai la nuit

» du 10 chez Madame T*** ;
» nous eumes une fête char-
» mante, charmante !.... Un
» goût exquis régnoit partout...
» Les femmes étoient belles
» comme l'amour. On y joua
» un jeu d'enfer. Ruggiéri nous
» y donna une illumination dé-
» licieuse. Les glaces y furent
» servies en profusion.... Ma-
» dame Saint - Hilaire s'y trou-
» vait. Elle étoit mise à ravir.
» Elle a fait raffle de tout ce
» qu'il y avoit d'hommes. Ma-
» dame B*** étoit au désespoir.
» Elle s'étoit arrangée pour faire
« une certaine sensation ; mais
» sa robe a manqué son effet ;
» ses diamans et son cachemire

» *vert-chou* n'ont pu effacer la
» toilette simple, et les petites
» minauderies si jolies de sa ri-
» vale. Le reste des femmes
» s'est amusé de ce petit com-
» bat. A quatre heures je mon-
» tois dans mon cabriolet.

» Adieu. Je t'attends jeudi
» matin pour tirer à la poupée.*
» Nous y verrons cet original
» de Durancy avec son insépa-
» rable. Pour moi, j'ai rompu
» à jamais avec l'orgueilleuse
» Sophie. » — Ce jeune homme
paroît aimable, spirituel. Vous

* La mode actuelle veut qu'un jeune homme aille le matin s'exercer à tirer au bois de Boulogne. Le but est une grande poupée de carton.

me promettez de me le faire connoître, n'est-ce pas ? — Avec le plus grand plaisir. C'est un garçon charmant. On n'a pas plus de grâce, d'esprit. Il tourne fort bien un couplet, chante passablement, s'accompagne sur son violon.... Il danse, monte à cheval dans la perfection.... Mais voilà trop d'éloges pour un homme; on se mocqueroit de moi si l'on m'entendoit. Déjeûnons.

Ma foi, quoi qu'en disent et les médecins qui prétendent que le *thé* creuse l'estomac, et les hommes à la balance, * qui ne

* On appelle balance du commerce

veulent pas que nous envoyions nos écus à la Chine ou à l'Angleterre, pour une feuille dont on peut se passer, je soutiens que le thé est une boisson délicieuse, et qu'on ne peut pas vivre sans thé. — D'accord, mon ami, d'accord. Si la Hollande n'étoit pas un pays si froid, si elle n'étoit le séjour de la triste raison, je vous y enverrois puiser le talent de préparer cette feuille. — Laissez, laissez vos graves Hollandais, et puisque nous sommes à table, parlez-moi de l'aimable auteur de

---

la comparaison de ce qu'un état importe ou exporte de marchandises.

la *Gastronomie*. * Avez-vous lu la dernière édition de ce joli poëme ? — Je l'ai dévorée dès le premier jour ; je lis peu de vers, cela m'endort, mais j'ai fait un extraordinaire pour ce délicieux ouvrage. — Chaque homme riche, chaque restaurateur devroit élever une statue à M. BERCHOUX. On liroit sur sa base les noms des écrivains qui se sont exercés sur cette matière intéressante : *Grimod de la Reynière*, ** une couronne à la main, et son livre de l'autre, se-

* La science de bien manger.
** Auteur de l'ALMANACH DES GOURMANDS, pour les années 11, 12 et 13.

roit près du chantre aimable de la *Gastronomie*.

A présent, mon cher ami, dit Théodore, je suis à vos ordres pour toute la journée. A quoi voulez-vous m'employer? — Il me vient une idée que vous appellerez folle, extravagante, peut-être? — Voyons. — Vous allez vous moquer de moi; mais écoutez. Jusqu'à présent livré constamment à tous les plaisirs qu'offrent les brillans quartiers de la capitale, habitant exclusivement la Chaussée d'Antin, vous soupçonnez à peine l'existence d'une autre moitié de Paris. Vous sentez-vous assez de courage pour entreprendre un voyage dans les rues sales et enfumées des faubourgs ? Pour moi j'aime les contrastes, et il me semble que j'aurai quelque plaisir à voir toutes ces figures plus que bourgeoises, à considérer les *allures* de ce peuple presque sauvage. Libre à nous, si l'ennui nous gagne, si nous sentons que l'air du pays nous est contraire, de regagner bien vîte notre charmante patrie. Mais au moins nous sommes sûrs d'être dédommagés de nos peines, par la vue des monumens consacrés aux arts et aux sciences, qui se rencontreront à chaque instant sous nos pas. — Votre projet m'amuse, essayons-en ? — Nous irons là à pied, en chenille, et un rotin à la main, n'est-ce pas ? un cabriolet feroit peur à ces gens-là. — Bien dit, partons. Joseph, mettez mes lettres à la poste, et portez celle-ci chez madame R***, allez demander des nouvelles de M***, passez chez mon sellier, pour mon bochey, voyez si mon renard est guéri *, prenez de la musique nouvelle chez Pleyel **,

* Espèce de chien qui ressemble au renard.

** Célèbre marchand de musique.

et allez chez Chevalier * lui dire que je suis sans habits. »

Après avoir donné encore quelques ordres, Théodore dit à Sainclair : « échappons-nous à petit bruit, et gardons le silence si nous rencontrons quelqu'un de nos amis, car à coup sûr il se moqueroit de nous, et je ne crains rien dans le monde comme d'être ridicule. — Je suis assez de cet avis, descendons. »

Voilà nos aimables jeunes-gens qui se hasardent à faire leur grand voyage. Honteux, pour ainsi dire, d'une pareille entreprise, ils passent le boule-

* Tailleur à la mode.

vard, et gagnent d'un pas leste le Palais-Royal. Ils le traversent rapidement. Cependant Théodore, obéissant à l'habitude, veut parcourir la longue série des affiches de spectacle. — « Allons, allons, mon ami, renoncez aux vanités de ce monde, figurez-vous que vous partez pour une province lointaine, et faites le sacrifice des ariettes de Cécile St. Aubin, et des jolis pas de nos danseuses. — Pourriez-vous refuser au voyageur prêt à quitter la capitale, la consolation de jeter un dernier coup d'œil sur le séjour des plaisirs et du goût ? »

Sainclair avoit déjà entraîné

son ami jusqu'au Louvre, dont il lui faisoit admirer les beautés. — Qu'est ceci ? demanda Théodore. — Quoi ! vous n'avez pas encore vu la colonnade de Perrault ? Ce chef-d'œuvre de l'architecture moderne vous est inconnu ? — Voilà la première fois que je vois ce monument. Vingt fois en courant Paris, j'ai traversé le Louvre ; mais il ne m'a jamais pris fantaisie de m'arrêter devant ces pierres. On est avec des jeunes-gens, avec des femmes ; on est occupé de chevaux, de spectacles, de modes, et l'on ne pense guère au Louvre. — Réparez aujourd'hui vos torts.

Par exemple, vous n'avez point à la Chaussée d'Antin le coup d'œil que présente la Seine, vue du Pont-Neuf. Jouissez-en à votre aise. Quel aspect enchanteur offre ce vaste bassin, bordé de chaque côté des plus somptueux édifices ! ces ponts d'une architecture tour à tour noble et élégante, l'horison borné par des coteaux que le soleil éclaire : tout cela est admirable. — J'en conviens, et tout cela m'étoit à peu près inconnu.

Dieux ! où me conduisez-vous ? quelle boue ! où me sauver ? continua Sainclair, quand ayant traversé le *Pont-*

Neuf, ils se trouvèrent dans la rue *Dauphine*. Quels maigres étalages ! à peine voit-on clair dans ces tristes magasins ! — Ne criez-pas si fort ; voilà la rue brillante ; une fois que nous l'aurons passée, ce sera bien pis ; et je vous conseille de réserver toutes vos épithètes défavorables pour une meilleure occasion. Vous n'attendrez pas long-temps.

CHAPITRE II.

Le Luxembourg. — Les galeries de Rubens, Lesueur et Vernet. — La belle nourrice. — Les Chartreux.

Où sommes-nous ici, mon ami ? voilà une rue bien bâtie, et je me reconnois. — Vous êtes dans la rue de Tournon, et je vous mène au Luxembourg. — Mon cher, vous me faites grand plaisir ; j'ai lu plusieurs fois dans les journaux, qu'on avoit restauré les bâtimens, qu'on avoit recréé les jardins ; mais il y a si loin de la rue du *Helder* au Luxembourg ; on a tant d'affaires ; les

Tuileries sont si belles, le Palais-Royal si attrayant, les Boulevards si à la mode, que j'ai toujours négligé de faire ma cour à ce pauvre jardin ; et puis on m'en a fait peur : on me l'a peint comme un hôpital de convalescens ; on m'a dit que je n'y trouverois que des infirmes, des octogénaires, de vieux politiques, des célibataires avec leurs gouvernantes ; on m'a répété que je m'y verrois entouré d'enfans, de nourrices... En un mot, on m'en a fait une peinture si effroyable, que j'ai toujours différé de m'y rendre. — Eh bien, nous allons voir par nous-mêmes si cette promenade est aussi maussade qu'on vous l'a dit. Nous y voilà.

Commençons par visiter les galeries du château. — Où nous allons voir comme au Musée, des descentes de croix, des religieuses et des moines, et autres objets tout aussi gais....
— Étourdi, avant de blâmer ces tableaux, consacrés à la religion, remontez donc aux temps qui les ont vu naître. Le berceau de la peinture moderne fut en Italie. Les peintres ne manioient le pinceau que pour des papes, des cardinaux ou des moines; quels sujets vouliez-vous qu'ils traitâssent ? Vous plaignez-vous de rencon-

trer dans le boudoir d'une petite-maîtresse, un tableau de Fragonard, ou un dessin de Boilly ?

Voilà déjà la moitié de votre objection réfutée. J'ajoute que la religion ne s'est pas emparée exclusivement du Musée. N'y voyez-vous pas les scènes grotesques de Ténières, les gracieux tableaux du Guide ou de l'Albane, les animaux de Paul Potter, les portraits de Van Dick, et tant d'autres chefs-d'œuvres en tout genre ? N'avez-vous pas été tenté vingt fois d'y cueillir ces fruits et ces fleurs mouillés de la rosée ; de chasser la mouche enfoncée dans leur calice ? Vos yeux n'ont-ils pas été trompés par ces oiseaux, ces poissons peints avec tant de vérité ?.... Accoutumez-vous donc à juger sans partialité. Conservez, s'il se peut, au milieu de ce monde léger, dans lequel on déraisonne si joliment, une espèce de philosophie qui ne vous rende point déplacé quand vous serez avec des gens qui réfléchiront. — Grand merci :

Cette leçon vaut bien un fromage sans doute.

— Entrons, voici la galerie de Rubens. Il a peint l'histoire allégorique de Marie de Médicis. Elle se promettoit alors des jours filés d'or et de soie. Mais cette reine eut une destinée bien triste, et la fin de sa vie fut cruellement empoisonnée. — Dieux ! quelles chairs ! quelles masses ! Où votre Rubens prenoit-il donc ses modèles ? Sans doute quelques lourdes païsannes posoient dans son atelier. — Mon ami, songez donc que tout est ici colossal. — Colossal, si vous voulez, mais détestable. Ah ! vive David ! * pour la pureté de son dessin, et son attention constante à copier fidèlement la belle nature ! Dans

* Auteur du TABLEAU DES SABINES, et du SERMENT DES HORACES.

ses tableaux, toute femme est une femme, et une femme charmante. Je vous demande à qui ces *trois Grâces* de Rubens inspireront-elles quelque chose ? Voyez ces grossiers amours. — Ignorez-vous que le domaine des arts est immense, et que le pinceau peut s'exercer avec avantage sur tous les sujets, et de toutes les manières. Si quelques peintres se sont distingués par la grâce et la légèreté qui règnent dans leurs compositions, le créateur de l'École flamande s'est fait une réputation immortelle par ses conceptions fortes et vigoureuses. Rubens, né avec un génie fécond, dans un climat où la maigreur semble être inconnue, a imité dans tous ses tableaux ce qu'il avoit sous les yeux : c'est tout naturel ; mais ce léger défaut, si toutefois c'en est un, n'ôte rien à ses belles compositions, à ses grandes et poétiques idées ; puis d'ailleurs les tableaux que vous censurez avec tant d'amertume, n'avoient point été destinés à cette galerie, trop étroite et trop basse ; ils devoient être plus élevés, et ces Nymphes qui vous paroissent aujourd'hui trop chargées d'embonpoint, n'eussent offert alors à l'œil, que des formes agréables. —

Passons, passons à la seconde galerie, s'il vous plaît. — Que dites-vous de cette collection ? et cela est-il *colossal ?* — Non : *Lesueur* est plein de grâce et de douceur ; s'il eût consacré sa palette à des sujets plus rians, il eût été le roi des peintres. — Vous êtes peut-être dans l'erreur. On croit que ces tableaux, indépendamment du talent de l'artiste, tirent leur plus grand charme du sujet qu'ils représentent ; que c'est à la religion qu'ils doivent cette sérénité, ce calme qui y règne. Pour moi, je sens que la peinture de la vie tranquille de ces pieux solitaires rafraîchit mon âme. — Si l'on n'avoit détruit les Chartreux, je craindrois de vous y voir renfermé... Fuyons. — Et couvrez-vous les yeux, car nous sommes forcés de repasser devant ces *vilains* Rubens *, pour aller admirer les marines de Vernet. »

En se rendant à cette galerie, Théodore vit la *baigneuse* de *Houdon*, et fut tenté de la toucher. — Ah ! me voilà un peu réconcilié avec votre

---

* L'opinion qu'émet ici Théodore est celle de tous les jeunes-gens à la mode. Ces ignorans présomptueux se permettent de traiter Rubens de peintre d'enseignes, dont les productions peuvent charmer tout au plus un grossier vulgaire.

Luxembourg ; quelle souplesse ! quels contours arrondis ! que ces appas voilés de la simple pudeur sont enivrans !.. Les Grecs, tout Grecs qu'ils sont, ont-ils rien de préférable ? — Que seroit-ce donc, si vous aviez vu cette statue dans la grotte de verdure où Louis XVI l'avoit fait placer à Rambouillet ? Près d'une pièce d'eau, ombragée par des arbres touffus, dans un endroit solitaire, l'illusion étoit complette. Chaque spectateur se croyoit le témoin imprudent qui causoit le timide embarras de la nymphe surprise. Ici, dans un passage presque continuel, confiée à la garde d'un invalide, tout le charme de cette statue est détruit. — Je me contente de ce qui me reste. — Avançons, et rendons hommage à Vernet. — Très-joli, très-vrai : je crois être à Marseille, à Brest, à Toulon. Quelle variété ! que d'action, que de vie dans ces tableaux. — Et ce bon Vernet, qui s'est peint lui-même auprès de son fils ! Je suis fou de ce peintre. Il fait doublement honneur à son pays; pour tresser la couronne dont son front sera éternellement couvert, il n'a point eu recours à l'histoire des peuples étrangers ni à la fable; il n'a point appelé à son secours la Grèce et l'Italie; toutes ses compositions sont prises en France, dans sa patrie. — Cette fête sur l'eau est vraiment charmante..... Cette pêche du thon est frappante de vérité. — Tout ceci est fort joli, je n'en disconviendrai pas; mais je commence à me lasser de tableaux; le plaisir consiste à effleurer les objets. Descendons au jardin. »

A l'aspect de ce palais, bâti sur un si joli modèle, et auquel il ne manque que d'être un peu plus vaste et plus élevé; a la vue de ces jardins dessinés avec tant de goût, de ces vastes allées, de ces gazons si verts et

si bien aplanis, de cette belle nappe d'eau, nos jeunes-gens restèrent dans l'étonnement. Les statues, les vases, les orangers, dont le parterre étoit décoré, achevèrent de les raccommoder avec le *triste Luxembourg.*
« — Je n'ai qu'une chose à blâmer dans tout ceci, dit Théodore d'un ton fort sérieux : c'est l'immodestie des statues. Ah ! Messieurs du faubourg, qui criez contre l'immoralité du siècle, qui vous permettez de temps en temps de petites satires contre les mœurs de la *Chaussée d'Antin,* vous n'avez plus rien à nous reprocher. Quand on veut mordre sur les

autres, il faut être à l'abri de la critique. Je ferai placer des *feuilles de vigne* sur vos statues. — Votre réflexion est juste, et tout en plaisantant, vous voilà d'accord avec les gens sensés, qui, sans être bigots, se plaignent que partout on offre aux yeux des jeunes personnes des nudités révoltantes ; qui, malgré leur amour pour les Beaux-Arts, voudroient qu'on *fermât* la porte du *Musée Napoléon* au vulgaire ignorant, lequel ne retire aucun fruit d'un coup d'œil rapide, et n'en rapporte que des idées obscènes ou ridicules. — N'auroit-on pas, en adoptant votre plan un peu sévère, n'auroit-on pas à craindre de priver la France d'artistes capables de l'illustrer ? — Ne redoutez rien de semblable ; le génie triomphe sans peine de toutes les difficultés, et en adoptant ce parti, l'on n'auroit point à se reprocher d'éveiller trop tôt les passions ; et l'entrée des jardins publics ne seroit plus interdite à ceux qui ne se sont point encore familiarisés avec nos nouvelles idées sur le *nu*.* » Quit-

---

* Je ne renouvellerai point ici la querelle qui s'est élevée sur cette question par rapport au *Tableau des Sabines* ; mais je dirai seulement qu'un lord anglais, à qui l'on avoit envoyé le *Virgile in-folio*, en a lacéré les estampes, et les a renvoyées à l'étons cette discussion sérieuse, et voyons si la partie haute du jardin répond au parterre. »

La grande allée du Luxembourg, comparée à celle des Tuileries, ne parut point trop mesquine à nos juges. Ils trouvèrent les contr'allées charmantes. L'épaisseur du feuillage des arbres, extrêmement rapprochés, défendoit au soleil de brûler le front chauve de quelques promeneurs paisibles.

diteur, en lui observant que les personnages mis en action par Virgile n'étoient point *nus*, et qu'il étoit aussi ridicule de les représenter tels, qu'il le seroit de donner à des militaires l'habit d'un moine.

» — Tout ceci est fort bien, dit Sainclerc, mais c'est un peu désert. Je suppose que les jours où la foule abonde, cette promenade doit être agréable ; mais aujourd'hui ce bois ne ressemble pas mal aux *vrais Champs-Elysées*, où l'on nous peint les âmes errant de loin en loin. — Cependant, j'aperçois par-ci par-là quelques groupes de causeurs, et j'ai entrevu quelques minois féminins assez passables. Examinons-les de plus près. » Voilà nos étourdis qui, d'un air bien leste et bien cavalier, parcourent la grande allée en tout sens, et Théodore qui s'écrie, presque tout haut : « Parbleu ! cette figure est charmante ; je n'ai jamais rien vu de plus régulier. Des yeux noirs, des sourcils bien arqués, un teint de lys et de roses, une gorge divine, un bras parfait ! » Il parloit ainsi d'une jeune femme qui tenoit mollement étendu sur ses bras un nourrisson qu'elle allaitoit, tandis qu'une gouvernante jouoit près d'elle avec un autre enfant âgé de quelques années. « Je serois curieux, dit Théodore, d'entamer une conversation avec cette jolie femme, et de savoir si elle parle la même langue que nos belles nourrices de la Chaussée d'Antin. — Essayons, dit Sainclair, et surtout prenons un air grave, l'air du pays, en un mot. »

Après avoir fait cinq ou six tours, ils allèrent se placer, comme par hasard, assez près de la belle nourrice, et se penchant nonchalamment sur leurs chaises, ils se mirent à jargonner sur les modes, sur les spectacles, comme s'ils eussent été dans leur appartement, attendant l'occasion favorable de lier connoissance avec leur aimable voisine.

Elle se présenta bientôt. Pour céder aux caprices du petit bambin, qui vouloit courir après des papillons, la gouvernante s'étoit éloignée de sa maîtresse, et la charmante nourrice étoit demeurée seule. Tout à coup son fils, tourmenté de quelque douleur subite ou de quelque accès de mauvaise humeur, commence à jeter des cris aigus : rien ne peut l'appaiser ; ni les caresses de sa mère, ni le sein qu'on lui tend avec complaisance, en cherchant toutefois à le garantir de la vue des profanes, ni ses chants ne peuvent désarmer sa colère. « — Si j'osois offrir à Madame quelques bonbons, dit alors Sainclair en se rapprochant, et en lui tendant une jolie bonbonnière de Berthelmot; (1) peut-être auroient-

* Confiseur à la mode, au Palais royal.

ils quelque vertu. — Je vous remercie infiniment, Monsieur ; ces petits chagrins ne dureront pas. — Madame, votre refus m'afflige ; personne n'aime plus que moi les enfans, et personne ne respecte autant que moi, les mères qui..... — Me dire des complimens, n'est pas le moyen de me faire accepter vos offres. — Je ne veux point vous faire un compliment, Madame ; je dis la vérité. Rien ne me paroît plus louable dans une femme que de se livrer avec courage à l'allaitement de ses enfans. Il n'est pas pour moi de plus riant tableau que celui que présente une tendre mère qui tient dans ses bras carressans, son jeune fils, qui lui présente son sein, et le lui dérobe tour à tour, pour exciter ses désirs, qui se plaît à épier les premiers mots qu'il prononce, les premiers pas qu'il forme, et qui, enfin, ne vit et ne respire que pour cette foible créature. — J'accepte vos bonbons pour interrompre ce torrent d'éloges. — Ils sont justes. Madame Chodet * est délicieuse dans ses peintures innocentes, et me fait un plaisir infini. Le Gouvé,** dont je n'aime guère les tragédies, est tout-à-

* Peintre dont les tableaux sont relatifs à l'enfance.
** Auteur du *Mérite des Femmes*.

fait intéressant, quand il peint cette tendre mère, qui, tout échevelée,

Au moindre bruit r'ouvrant ses yeux appesan
... Vole inquiète au berceau de son fils.

— Mais vraiment, Monsieur, vous parlez comme un père de famille, et cependant votre figure m'autorise à croire que vous n'avez, sur la matière que vous traitez si bien, qu'une théorie brillante. — Madame a raison. Mais j'ai lu avec enthousiasme Jean-Jacques, et je pense que chaque femme doit avoir le portrait de ce grand homme dans son alcôve. — Pour moi, Monsieur, je n'ai point eu besoin des écrits des philosophes pour remplir mes devoirs; j'ai obéi à mon cœur, et non à la mode. J'ai pensé que l'enfant que j'avois porté dans mon sein ne devoit plus me quitter; que c'étoit à sa mère à lui aplanir le sentier de la vie; que ses premières larmes devoient être essuyées par moi, et que son premier sourire ne devoit pas m'être ravi par une étrangère. Je suis loin de blâmer celles qui ne remplissent point ce devoir, et je les plains de n'être pas aussi heureuses que je le suis. — C'est à vous, Madame, qu'il appartient de faire l'éloge d'une tâche dont vous vous acquittez si bien. On a dit qu'il n'y avoit personne de plus difficile sur la religion que les libertins. Personne n'est aussi plus exigeant que moi, jeune étourdi, sur les devoirs de la maternité. Je connois vingt femmes qui, moitié par l'effet d'un bon naturel, moitié par ton, *tuent* leurs enfans en prétendant les *nourrir*. Je ne leur tiens pas compte de ce sacrifice qu'elles font sonner si haut. Une ou deux fois au plus par jour, et jamais la nuit, [fi donc! troubler le repos d'une mère!] on apporte à Madame, son fils, bien paré, ou plutôt bien étranglé dans ses langes, que déguise une robe élégante ; on lui donne avec parcimonie un lait échauffé, on charge la gouvernante de faire rire l'enfant, et au premier cri qu'il jette, vîte on vous l'emporte dans une cuisine ou dans la loge d'un portier. Voilà dans le grand monde ce qu'on appelle nourrir un enfant. — L'autre jour, ajouta Théodore, dans une fête brillante à laquelle j'assistois, on porta aux nues une jeune femme qui interrompit une walse pour donner le sein à son enfant. Et tout le monde de se récrier : « Quelle femme que Madame B..... ! c'est le modèle des mères !..... » — Vous faites tour à tour, Messieurs, des épigrammes sanglantes, sans songer que toutes les femmes n'ont pas les mêmes facilités ; on tient un rang dans la société, on est lancé dans un monde bruyant, on est obligé à une représentation gênante, on voudroit allier les devoirs d'une mère avec les bienséances de son état, et c'est une chose difficile. Sachez donc quelque gré à celles qui montrent au moins de la bonne volonté. Pour moi, qui vis dans un quartier retiré, loin du fracas du monde, des fêtes et de l'étiquette, je n'ai, comme vous le voyez, aucun mérite à remplir, dans toute leur étendue, les fonctions d'une bonne nourrice.

— Cependant, Madame, vous n'en êtes pas moins louable, et vous avez trop d'esprit et de sens pour ne pas laisser un vide dans la société de ceux que vous abandonnez. — Encore des complimens, je sais apprécier la valeur de cette monnoie. — Mais, Madame.... »

Pendant cet entretien, le petit nourrisson s'étoit endormi; la gouvernante et l'amateur de papillons étoient de retour. Madame.... se leva, fit à ses voisins une révérence pleine de grâce et de décence, et s'éloigna.
« — Parbleu! dit Théodore, il faut convenir que vous jouez fort bien la comédie. Je ne sais si

le Luxembourg a la vertu de rendre raisonnable ; mais vous avez parlé avec une philosophie.... — N'est-il pas vrai que je m'en suis bien tiré ? — A merveille. Au reste, vous aviez affaire à un rival digne de vous. — Cette femme est charmante, en vérité. »

Ils causoient ainsi en se promenant dans les nouvelles plantations, d'où l'on découvre les pépinières établies dans les jardins des Chartreux. « — Il ne reste pas pierre sur pierre du couvent de ces religieux, dit Théodore. — Et il n'y a pas grand mal à cela. Personne, je crois, n'est tenté de regretter un asile aussi triste. — Peut-être ; quand on a éprouvé de grands malheurs, quand on est tellement maltraité par la nature, qu'on n'ose s'exposer au regard dédaigneux des hommes; quand l'amour de l'étude vous tourmente au point de devenir votre unique passion, on est trop heureux de rencontrer une retraite assurée où l'on soit délivré pour jamais du monde. — Ne peut-on pas, au milieu de Paris même, se renfermer et s'isoler? — Non, l'homme est foible ; il rentre malgré lui dans ce tourbillon auquel il voudroit s'arracher. Le savant ne peut échapper à des distractions, à la dissipation, et il falloit l'éternelle et inaltérable tranquillité d'un cloître pour nous enrichir de ces immenses collections qui nous ont transmis les faits et les gestes de nos aïeux, pour nous faire jouir de ces savantes éditions, fruits d'une érudition et d'un travail infatigable. — Si ces demeures sacrées se rouvroient, vous seriez donc le premier à y rentrer ? — Non ; je ne suis ni assez studieux ni assez malheureux pour embrasser ce parti violent. Mais chez un peuple immense, et surtout dans Paris, les caractères sont si variés, il y a tant de goûts et d'inclinations différentes, que je crois que les Chartreux trouveroient encore à se remplir. — Voilà l'effet de la galerie de Lesueur. — Elle fit autrefois plus de novices que tous les livres sur la vie monastique. — Quittons, de grâce, cette conversation. — Le coup d'œil dont on jouit dans cette promenade doit être compté pour quelque chose ; sans être riant, il ne manque pas d'agrément. Voici d'abord le dôme de Sainte-Geneviève. — De cette petite bergère qui a bien fait du bruit dans le monde. Lorsque sur les bords de la Seine, elle gardoit humblement ses moutons, elle ne s'attendoit pas qu'un jour on dépenseroit des millions pour lui bâtir un temple. — Et que ce temple, élevé dans le siècle de la *perfectibilité humaine*, auroit besoin d'être étayé avant d'être fini.... Voici l'*hôtel Vendôme*. — Ce nom rappelle de grands souvenirs. Plus loin, n'aperçois-je pas le dôme du Val-de-Grâce? — En effet, ce bel et vaste édifice, bâti par les ordres de la reine Anne d'Autriche, pour remercier l'Eternel de la naissance de Louis XIV. — Le vœu fut digne de celui qui en étoit l'objet. Et quel est cet arbre dont la cîme domine tous les bâtimens qui l'environnent ? — C'est un orme planté dans la cour de l'*Institution des Sourds et Muets*..... Si vous étiez curieux d'assister à une séance de l'abbé *Sicard?* Nous pourrions nous émanciper jusque-là. — Votre idée est excellente : nous irons. On s'ennuie quelquefois à entendre ceux qui parlent : nous nous amuserons peut-être dans la compagnie des muets. — Toujours des calembourgs. — C'est encore la mode. Au bout de l'horizon, voyez-vous l'*Observatoire*, ce monument élevé par le grand Colbert? Son architecture, simple et noble à la fois, annonce le temple du génie qui mesure la vaste étendue des cieux. — N'est-ce pas là que travaille ce petit homme, qui, chaque mois, cherche à se ressusciter dans les journaux ? — Précisément. Depuis soixante ans il habite le ciel, et croit encore que les étoiles se meuvent par un heureux hasard..... Mais respectons ses cheveux blancs, et faisons grâce à cette cendre vivante. »

CHAPITRE III.

Une séance de M. l'abbé Sicard. — — L'homme de province.

Nos voyageurs, en proférant ces derniers mots, quittoient l'avenue solitaire des Chartreux, et gagnoient l'*Institution des Sourds et Muets.* « — Je songe, dit Théodore, à cet estimable abbé que nous allons bientôt entendre. Quels sont les barbares qui ont osé condamner à la déportation un personnage respectable, dont tous les instans étoient consacrés à réparer les torts de la nature et à soulager des malheureux ! — On nous a fort heureusement débarrassés de ces ignorans messieurs. — Quels soins ne prend pas cet homme estimable pour dédommager les sourds et muets de la douloureuse infirmité dont ils sont affligés? de quelle patience n'a-t-il pas besoin de s'armer pour les conduire insensiblement, et par degrés, à l'intelligence des questions les plus abstraites? Comme il lui faut décomposer une phrase, donner à toutes les parties du discours une existence presque matérielle, afin de faire voir à ses élèves ce qu'il ne peut leur faire entendre? — Une telle patience m'épouvante, et j'y perdrois la tête. — N'est-il pas bien récompensé de ses laborieux efforts, lorsqu'à l'aide des signes qu'il a employés, et dont il a révélé le secret à ses élèves, il éprouve la douce jouissance de les voir rentrer dans la société, pleins d'une instruction solide, capables d'apprécier les beautés d'un ouvrage, exerçant enfin la noble faculté de penser. — Il peut dire que plus habile que le statuaire, il fait parler le marbre et sait l'animer. — Nous allons être témoins de toutes ces merveilles ; car nous voici arrivés à cet établissement, que la France a la première consacré à l'humanité. »

Nes jeunes-gens cherchent à bien se placer : c'étoit assez difficile ; la salle, fort petite, étoit déjà remplie de spectateurs et de spectatrices fort distingués. On entendoit voler de bouche en bouche l'éloge de l'instituteur, et l'on attendoit avec impatience l'instant où il alloit paroître, et on regardoit avec attendrissement le buste de l'abbé de *l'Epée?* Un petit incident vint dissiper l'ennui qui accompagne presque toujours le moment qui précède l'ouverture d'un spectacle ou de toute autre réunion.

Qui n'a pas rencontré quelquefois de ces bavards insupportables qui parlent tout haut, forcent leurs voisins, par des interpellations indiscrettes, à lier conversation avec eux; de ces gens qui vous assomment de leurs confidences; qui veulent vous apprendre, malgré vous, leur pays, leur état, et leurs affaires? qui poussent l'inconvenance jusques à vous questionner, et croyent que, parce qu'ils ne vous cachent rien de tout ce qui a rapport à leur petit personnage, on est obligé de leur dire ce qu'on est, ce qu'on fait et ce qu'on pense? Eh bien, Théodore et Sainclair se trouvoient placés précisément à côté d'un individu de cette dangereuse espèce. Il leur fallut essuyer une bordée de questions intempestives : qui est cette dame ?... comment appelez-vous ce monsieur ?... est-ce la première fois que ces messieurs viennent ici ?... quelle chaleur insupportable !... et cent autres sornettes semblables, auxquelles nos jeunes-gens ne répondoient que par de froids monosyllabes, qui ne pouvoient arrêter l'imperturbable causeur. — « Voulez-vous nous divertir de ce bavard, dit Sainclair à Théodore, je parierois que ce voisin incommode est arrivé depuis quinze jours du fond de sa province, qu'il est venu ici pour s'amuser, et qu'il y va bâiller. Je veux que vous sachiez dans un instant le nom de sa ville, ses occupations, et tout ce qui s'en suit. — Puisqu'il faut qu'il parle, que ce soit du moins pour notre plaisir. — Je commence... Irez-vous en Berry, cette année ? la chasse y sera très-abondante ; il y aura force canards sauvages, bécasses, etc. — Non, je passerai l'automne en Poitou. — Monsieur a raison, dit le voisin, il est sûr de s'y amuser. — Vous connoissez ce pays-là, monsieur ? — Assurément, monsieur, je l'habite depuis trente ans. Je suis à trois petites lieues de Poitiers, sur la route de Nantes. J'ai là quelques propriétés assez arrondies; la pêche et la chasse m'occupent tour à tour. — Mais on ne peut pas toujours chasser ou pêcher : il faut faire quelque chose : il faut tenir à l'état, en un mot. — C'est ce que j'ai dit vingt fois à ma femme; mais elle ne veut pas entendre raison sur cet article. Aux dernières élections pour le juge de paix, j'avois quelques partisans ; je voulois donner un dîné. — Pour en augmenter le nombre. — Oui, monsieur, mais ma femme n'a pas voulu. Elle dit que nous avons cinq bonnes mille livres de rente, sans compter les *menues faisances;* que nous sommes heureux et tranquilles, et qu'il ne faut point courir après les places, qui ne font que des ennemis. — Elle raisonne assez bien, madame votre épouse. — N'est-il pas vrai, monsieur ? il ne lui faudroit qu'un grain d'ambition. Pour moi, je n'ai pas vu sans chagrin la place enlevée par un autre ; et par qui ?... C'est un sujet !.... Au reste, il avoit grand besoin de cela pour vivre.... » Il alloit en dire davantage, quand un applaudissement général annonça l'arrivée de l'abbé Sicard.

Déjà les sourds et muets étoient rangés de chaque côté d'un théâtre, sur lequel étoit une longue table d'ardoise, dont on alloit se servir pour tracer les questions. Les jeunes-gens étoient séparés des jeunes demoiselles.

L'abbé Sicard commence à expliquer d'une manière simple et modeste les élémens de sa méthode. Il développe le mécanisme de son système avec une clarté telle, que chacun le comprend aisément; et il sait égayer la gravité de son sujet, par quelques plaisanteries fines, que lui suggèrent les circonstances.

Pour donner une idée de ses premiers travaux, il fait d'abord approcher un jeune sourd et muet, arrivé depuis quelques jours dans la maison ; puis faisant dessiner sur l'ardoise des objets communs, tels qu'une canne, une montre, un couteau, au-dessous desquels les objets en réalité sont placés, il fait signe à son écolier de lui donner la montre, et aussitôt celui-ci court à l'objet demandé, et va le remettre à son instituteur ; il en fait autant des deux autres objets ; puis compliquant de plus en plus ses questions, il obtient encore des résultats satisfaisans. Dans cette première leçon, il a déjà appris à son élève les moyens de se procurer aisément une foule de choses usuelles.

Mais, dit M. l'abbé Sicard, je ne veux point fatiguer l'assemblée par l'aridité de ces détails : interrogeons un peu nos *savans*. Alors il invite les personnes qui l'écoutent à lui donner une brochure, un journal, et à l'aide des signes par lesquels un sourd et muet traduit à un autre ce qu'il lit, ce dernier trace sur l'ardoise, aussi rapidement que s'il lisoit lui-même, et avec la plus grande correction de dessin et d'ortographe, le passage qu'on vient d'indiquer. Ainsi, cette manière ingénieuse fait briller dans un même instant les talens de deux élèves.

« Tout ceci n'est encore qu'un jeu, dit agréablement l'aimable instituteur, je prie quelqu'un d'adresser à un des sourds et muets une question métaphysique. » Un homme se lève alors, et demande *qu'est-ce que l'amitié*. L'abbé Sicard, par des signes savans, explique cette demande à son élève, et celui-ci la retrace sur le tableau; puis se recueillant profondément pendant quelques minutes, il paroît animé de ce noble sentiment, et il dessine à l'œil du spectateur attendri, deux personnages au bas desquels il écrit : *Oreste* et *Pylade* ; *Lafontaine* et *Fouquet*.

« — Voilà qui est divin ! dit Théodore à Sainclair. Les aimables enfans ! le savant instituteur ! Mais, que vois-je ! et quel nouveau prodige veut-on nous faire voir ? Une charmante fille, de dix à douze ans, blanche comme le lys, et dont le teint est coloré par la pudeur, s'approche en tremblant de M. l'abbé Sicard ? »

Celui-ci prend la parole.

« C'est une jeune Russe, d'une famille considérable, que ses parens ont bien voulu confier à mes soins. Ainsi que toutes ses aimables compagnes, elle lit, écrit, dessine et joue du *forte piano* parfaitement ; mais elle a, de plus que *mes* autres enfans, un avantage dont elle ne jouit pas elle-même, et qui n'existe que pour ceux qui l'entourent. Je suis parvenu, par des moyens inconcevables, à lui faire prononcer lentement et à voix basse, les mots les plus usités, et même quelques phrases. Vous allez juger par la douceur empreinte dans le peu de mots que nous entendrons, quel *vol* nous a fait la nature en refusant la parole à cette jeune étrangère. »

En effet, M. l'abbé Sicard, prononçant le mot *papa*, avec lenteur et application, et pressant en même temps le gosier de la jeune enfant, on entendit distinctement *pa pa*. Il obtint encore quelques mots, en ayant recours à des procédés singuliers, qui étonnèrent l'assemblée, et méritèrent à l'instituteur des applaudissemens unanimes.

La séance fut terminée par une espèce de phénomène. Un jeune homme de trente ans environ, d'une physionomie pleine de feu et d'intelligence, étoit resté pendant les leçons constamment occupé à seconder M. l'abbé Sicard, et même à le suppléer quelquefois ; quittant le rôle d'instituteur, il prit celui d'élève, et se mit en devoir de répondre avec une rapidité étonnante et une justesse admirable aux questions pressées et embarassantes que lui adressoit le successeur de l'abbé de *l'Epée*. L'assemblée ne savoit ce qu'elle devoit admirer le plus en lui, ou des agrémens du style, ou des charmes du sentiment, ou de la fécondité d'imagination, ou de la sublimité de pensée ; et chacun étoit prêt à verser des larmes, tant il mettoit de chaleur et d'intérêt dans la peinture des maux auxquels avoit été en butte son aimable maître, son second père (1).

Lorsque nos jeunes-gens furent sortis de l'institution des sourds et muets, ils dirigèrent leurs pas vers le *Jardin des Plantes*. « — Parbleu, dit Théodore, nous venons d'assister à une belle pantomime. — Admirable, n'est-ce pas ? et l'*Opéra de la Porte St.-Martin* ne vaut pas cela. — Je

* Le nom de cet intéressant jeune homme est MASSIEU.

trouve bien froids à présent les gestes et les attitudes de nos fameux mimes. — Ne nous appesantissons pas sur ce rapprochement, et payons plutôt un juste tribut d'éloges à l'homme estimable à qui la France doit ces merveilles. — Vous avez raison..... je n'oublierai pas non plus le bon Poitevin. — Convenez que je l'ai fait jaser autant que j'ai voulu ; sans l'arrivée de M. l'abbé Sicard, il alloit nous divulguer les plus grands secrets de son ménage.

—J'aperçois dans les rues que nous parcourons beaucoup de pensions des deux sexes ; mais

Dieu me garde de jamais y placer des enfans! Dans quels vieux principes on doit les élever! Je gagerois qu'il n'est question dans ces maisons, du matin au soir, que de grec et de latin, de la syntaxe et du rudiment; point de danse, point d'escrime, point de natation, point de musique. Vivent nos écoles de la Chaussée d'Antin! un enfant y est bien nourri, bien couché, vêtu même avec goût; on le forme à la politesse, sa cravatte est mise avec art, ses bas ne descendent pas sur ses talons; il ne fuit pas comme un ours à l'aspect d'un étranger, mais il raisonne sur tout et avec tout le monde. — Quoiqu'il ne sache rien. — Quelle erreur ! Voyez les exercices qu'ils soutiennent ; ils y débitent fort joliment des vers françois, qu'ils ont faits eux-mêmes ; ils jouent la comédie à ravir ; ils parlent sur les mathématiques et l'histoire, sur la botanique et sur la géographie, sur la statistique et la chronologie. — Et ne savent pas un mot de tout cela. — La preuve qu'ils sont tous très-savans, c'est que tous rentrent dans leur famille chargés de couronnes. — Qu'on paie à leurs maîtres de pension *.

* Si l'on peut reprocher aux maîtres

Théodore et Sainclair se trouvèrent, en disputant, dans la rue *Mouffetard*, devant une espèce de boutique fermée, décorée du nom de caffé. On lisoit sur les vîtres enfumées, *Caffe, ligueurs fin* — Si nous entrions un instant dans cette misérable tabagie ? — Fi donc ! quelle horreur me pro-

de pension de trop prodiguer les couronnes et les prix, on peut aussi blâmer les parens, aveuglés sur le compte de leurs enfans, qui veulent à toute force les voir couronnés à la fin de l'année. J'ai entendu un père dire, en voyant son fils revenir les mains vides d'une distribution des prix : « quand on ne lui auroit donné qu'un volume... d'ailleurs je l'aurois payé.....!!!

posez-vous là, voulez-vous vous m'empoisonner ? — Non, je veux voir ce que c'est qu'un caffé de la rue Mouffetard, nous y trouverons peut-être matière à nous divertir. — Je consens de vous suivre, mais à condition que nous n'y resterons que cinq minutes.

CHAPITRE IV.

Le café de la rue Mouffetard. — Les politiques du faubourg. — La jolie limonadière.

Si quelquefois un rustre, forcé de se présenter dans le salon d'un grand seigneur, éprouve un cruel embarras ; si le pauvre paysan, glissant sur le perfide parquet, apprête à rire à ses dépens ; s'il ne sait ni s'asseoir ni se lever ; s'il est embarrassé de toute sa personne, je conviendrai que l'entrée de nos jeunes élégans dans le modeste café du faubourg ne fut pas beaucoup plus aisée. Il leur fallut contenir leurs éclats de rire à la vue du grotesque mobilier qui décoroit la salle obscure et enfumée dans laquelle ils *descendoient ;* il leur fallut se pincer les lèvres pour ne pas blesser l'amour-propre du propriétaire, qui, dépouillant humblement sa tête d'un bonnet de coton tant soit peu gras, vint d'un air humble leur demander ce qu'ils désiroient.

Nos voyageurs n'imitèrent pas ceux qui, arrivant dans une misérable auberge de campagne, nomment dix mets qu'on ne peut leur donner. Sachant qu'ils ne pouvoient se procurer les divers rafraîchissemens en usage dans leurs beaux quartiers, mais sûrs de trouver de l'eau et du sucre, ils s'en firent servir.

M. Desvignes (c'étoit le nom de l'honnête limonadier) disposa le plus élégamment qu'il lui fut possible, sur un plateau, jadis vernissé, deux grands *gobelets* d'inégale structure, une caraffe de verre noir, et un sucrier de terre jaune. L'eau n'étoit pas bien fraîche, le sucre n'étoit que gris ; mais M. Desvignes confessa si loyalement que les verres d'eau sucrée

Ne sont pas au faubourg le repas ordinaire,

qu'on s'en contenta de la meilleure grâce du monde.

Le pendant de nos étourdis se composoit d'un perruquier Gascon, d'un épais Normand, et d'un facteur de la petite poste, qui vidoient modestement une bouteille de bierre. Le *Journal du Soir* étoit devant eux, attendant les réflexions qu'il plairoit aux lecteurs politiques de faire sur le texte. M. Desvignes, partagé entre les sentimens de bienveillance et d'amitié qui l'attachoient à ces trois personnages, ses voisins et ses amis, et l'envie qu'il avoit de faire parade de la belle visite dont il étoit honoré, alloit tour à tour de la table des voisins à celle des preneurs d'eau sucrée, se mêloit à la conversation, étoit questionné d'un côté, et gardoit un orgueilleux silence, interrogeoit de l'autre, et n'obtenoit point de réponse. Mais la discussion entre le *trio* s'étant échauffée, il ne put résister au besoin de parler, et nos jeunes-gens, faisant semblant de causer très-sérieusement et à voix basse, purent entendre et recueillir à leur aise les nouvelles que l'on débitoit dans le café de la rue Mouffetard.

« Grande nouvelle ! grande nouvelle ! dit le Gascon, nous allons voir un empereur. — Voilà bien une nouvelle de Gascon, dit froidement le Normand. — Je sais qu'on nous accuse

(avec quelque raison peut-être) de faire des histoires pour éveiller nos pratiques ; mais ce que je vous dis est la vérité même. — Je m'en doutois, reprit le facteur, depuis un certain jour où j'entendis, dans l'antichambre du juge de paix, parler de couronnement, de pape. — Ah ! ah ! dit le Normand. — Oui, sachez, mes amis, que tout va rentrer dans l'ancien ordre ; que nous aurons un seul maître. — Et un bon, dit le facteur. — Qui n'est pas maladroit, dit le Normand. — Le pape, en personne, va traverser les montagnes pour venir sacrer Bonaparte. — Cela ne se sera jamais vu, n'est-ce pas ? — Oui, c'étoit un archevêque autrefois ; mais d'un pape à un archevêque, il y a loin. — Ce sera sans doute une belle fête que celle-là ? — Superbe, superbe, mes amis. De tous côtés on brode, on peint, on décore.... Et la frisure pour ce beau jour !.... il faudra voir.... tout le monde en bourse. — Surcroît de besogne pour moi, dit en soupirant le facteur..... les boîtes regorgeront. — La province va fondre ici. Elle voudra toute être à Paris. Gare la parenté. Il n'y a cousin si arriéré dont on ne se souvienne alors, pour lui demander l'hospitalité : tous les hôtels sont déjà retenus. — Ce sera donc comme en 90 à la fédération. — Avec une petite différence ; nous ressemblions alors à des aveugles, ne sachant où nous allions... mais aujourd'hui, après bien des mauvais temps, nous rentrons dans le port. — — Et nous n'en sortirons plus. — Que pour aller à la victoire. — Bravo! bravo! — Mais, dit le Normand, et personne ne se fâchera-t-il? — Dormez tranquille, mon voisin, dit M. Desvignes, élevant la voix ; celui qui mène la barque commande à la tempête. — C'est la vérité, Messieurs, c'est la vérité. La France est le premier des états ;

Paris, la première des villes ; notre *art* sera mis sous la protection de l'Empereur ; les corporations et la procession de la Fête-Dieu reprendront, et nous y aurons le pas sur les marchands de drap. — Et moi, je placerai les armes de l'Empire à mon café. — Et moi, dit le Normand, je pourrai dire adieu au cidre et à la bierre, et boire dorénavant du Bourgogne à mon aise. »

« — Voilà des gens bien instruits ! dit Sainclair à son ami. — Ne pourroit-on pas leur demander s'ils savent que la Bastille est prise ? — Ainsi, vous croyez bien sincèrement qu'on ne peut pas être plus étranger aux grands événemens qui se passent dans la capitale, que ces pauvres politiques? — Assurément. — Vous êtes dans l'erreur. — Il y a, dans le centre de Paris, plus d'un jeune homme qui n'en sait pas autant qu'eux. — Quels contes vous me débitez! — C'est une chose constante. Je pourrois vous citer vingt jeunes-gens qui, quoique vivant au milieu des affaires et des nouvelles, se livrent avec tant de fureur aux plaisirs de tout genre, que leur ignorance vous feroit pitié. — Ils n'ouvrent donc pas un livre? — Pas même un journal; l'affiche des spectacles, et les cartes des restaurateurs, voilà toutes leurs études.

Vous rougiriez, si j'essayois de vous tracer le tableau de ces êtres si profondément ignorans, si stupidement libertins, qui viennent bâiller à midi dans les cafés du Palais-Royal, dormir aux Tuileries jusqu'à trois ou quatre heures, vont dîner ensuite, et courir, de spectacle en spectacle, débiter d'insipides calembourgs; qui s'entretiennent dans cette honteuse nullité avec des *filles*, qui n'ont d'autre jargon que celui de *Montansier*, dont la vie, en un mot, se passe à connoître Véry ,* Brunet et la Lévêque......, trop heureux si le jeu n'en fait pas des fripons ! »

L'arrivée de mademoiselle Desvignes, qui venoit prendre la place de son père au comptoir, suspendit la diatribe de Sainclair. Elle s'avançoit, comme à l'ordinaire, sans prétentions et sans gêne ; mais à peine aperçoit-elle des hôtes d'une tournure si extraordinaire, que, rougissant d'abord, puis mettant en jeu toute sa coquetterie, (fonds inépuisable à son âge !) elle se redresse, marche fièrement, et prend possession de son poste avec autant de noblesse

---

* Célèbre restaurateur.

et de dignité, qu'une grande reine se plaçant sur le trône. Pendant ce temps, le papa Desvignes donne un coup d'œil à sa suppléante, et sort avec les trois voisins. Comme mademoiselle Desvignes n'avoit pas encore dix-huit ans, qu'elle étoit jolie, que ses dents étoient belles, et qu'elle avoit la fraîcheur d'une villageoise, nos voyageurs ne trouvèrent pas au-dessous d'eux de contempler ses attraits, et Théodore, prenant la lorgnette suspendue à son cou, dit tout haut à son guide: « Elle n'est pas mal, sur ma parole. » Bientôt le plaisir cruel d'embarrasser la pauvre petite lui fit quitter sa place, et jetant sur le comptoir une pièce de vingt francs, il demanda la monnoie de sa pièce. La recette du matin n'avoit point été abondante. Il fallut qu'un petit garçon courût, chez l'épicier du coin, échanger la pièce d'or. Dieu sait s'il fut long ! Pendant ce temps, Théodore, malgré les signes que lui faisoit son conducteur, se plaisoit à tourmenter la petite limonadière. « — Mademoiselle, quand on est si jolie, doit-on rester ensevelie dans l'obscurité ?

Le faubourg est-il fait pour des yeux aussi beaux ?

— Mais, Monsieur, jolie?....
— Oui, Mademoiselle, jolie est le mot. Vos yeux sont noirs et vifs ; votre bouche est petite et rosée. — Monsieur, vous voulez rire à mes dépens.... et...
— Non, pas du tout ; c'est à la lettre. Vous êtes charmante, et je connois vingt femmes qui donneroient la moitié de leurs diamans et leur équipage pour une figure aussi piquante. — Je ris de vos contes, et vois que vous ne pensez pas la moitié de ce que vous dites. Vous vous êtes égarés dans ce quartier, et vous y parlez un langage inintelligible. — Pardonnez - moi. Dans tout pays, lorsqu'on dit à

une jeune fille qu'elle est aimable, qu'elle est jolie, qu'elle est faite pour tourner la tête, on est sûr d'être compris.... Mon ami, vois donc la petite coquetterie! cela se fourre partout.... Toi, qui fais le Caton, ne conviendras-tu pas que c'est un meurtre d'enterrer ce charmant minois dans un café de la rue *Mouffetard ?* Quel effet produiroit cette figure grecque dans nos cafés à réputation ? — Courage, Messieurs ! »

Le messager étoit revenu. Il rapportoit en sous de quoi écraser un porteur de la banque. «—Commissionnaire maladroit! dit Théodore, veux - tu donc m'assommer avec ta monnoie ? Elle est, par-dessus le marché, chargée de vert-de-gris, et répand une odeur infecte. — Je suis désolée de cet accident, dit mademoiselle Desvignes. — Ce n'est pas votre faute, belle enfant...... Garçon, cours nous chercher un fiacre ; il nous mènera au *Jardin des Plantes*. Je me débarrasserai de mes gros sous en achetant des *Notices*, des fleurs, et en donnant quelque chose aux malheureux qui se présenteront à notre voiture... n'est-il pas vrai, mon ami ? — C'est fort bien calculé. — Adieu, mademoiselle Desvignes, je n'oublierai pas le café de la rue

Mouffetard. — Dans un instant, vous n'y songerez plus. — Vous me faites injure ; adieu, mon cœur. »

Et Théodore montoit avec Sainclair dans un fiacre délâbré, dont le cocher, couvert de guenilles, harceloit en vain ses maigres haridelles, et s'acheminoit lentement vers la demeure du grand Buffon.

L'aspect de cette rue étroite et mal pavée, seroit propre, dit Sainclair, à empêcher le voyageur qui se rend à Paris, de continuer sa route. Voyez-vous ces maisons, ou plutôt ces masures de hauteur inégale ? ce peuple sale et nombreux qui hérisse la porte des habitations ? Je suis suffoqué par l'odeur qu'on respire en ce lieu. — Que diriez-vous donc, si je vous faisois parcourir les bords de la Bièvre, et si je vous promenois chez les tanneurs et les amidoniers, dont les établissemens odoratifs sont fixés sur les rives de ce ruisseau bourbeux ? — Vous me faites reculer d'effroi. — Eh ! bien, c'est cependant dans ces eaux putrides que se préparent les peaux que Laboulée * va façonner, teindre et parfumer pour envelop-

---

* Fameux parfumeur de la rue de Richelieu.

per le bras de vos jolies femmes ; c'est là que se *confectionnent* [j'emploie un mot scientifique] les premiers élémens de cette poudre qui, grâce à l'adresse du coëffeur, va voler en nuages légers sur votre tête ; c'est là que des hommes, dont vous n'approcheriez qu'entouré de vinaigre et d'essences, donnent les premières façons au cuir qui dessinera le pied mignon de vos élégantes, ou qui vous défendra, sous vingt formes différentes, des boues éternelles de Paris. — Eh bien ! jouissons de ces agréables résultats, sans nous embourber dans toutes ces vilaines préparations.

— Je suis de votre avis ; et après avoir vu ces femmes couvertes de haillons, portant sur leur sein décharné des enfans sans vie et sans beauté ; ces marmots, à peine vêtus, jouant sur le pavé des rues ; ces artisans crasseux dans leurs boutiques enfumées ; ces chiffonniers hideux, chargés des ordures de tout Paris, regagnant leurs misérables tanières, et se gorgeant à chaque pas de vin et d'eau-de-vie, je trouverai quelque plaisir à rentrer dans ces hôtels fastueux et élégans, où l'extrême propreté ajoute encore au luxe des ameublemens ; où des femmes, parées de leur propre beauté et de ces brillans colifichets que la mode enfante chaque jour pour elles, promenent une main agile sur les touches d'un forté, ou font résonner les cordes harmonieuse d'une harpe. — Allons, courage, vous voilà converti, et je ne crains plus de vous voir renoncer au monde. — Je suis juste et impartial. Je conviens avec vous que les nouveaux quartiers sont le séjour du goût et du plaisir ; que c'est là que toutes les douceurs de la vie, que les raffinnemens de la mollesse sont rassemblés ; mais je ne voudrois pas pour cela que l'on confondît dans un anathême général ceux qui vivent dans ces tristes demeures; il faut surmonter quelques légers désagrémens pour visiter les établissemens qui sont la gloire de la France, et surtout rendre justice à des hommes simples et laborieux, qui, confinés dans ces tranquilles faubourgs, consument leur vie pour vous enrichir de leurs pénibles travaux. Je veux même que vous ayiez quelque obligation à ce malheureux chiffonnier, qui prend soin de nétoyer votre passage, et de délivrer vos yeux du spectacle repoussant de mille objets désagréables. La nuit, ou le matin, pendant que vous sommeillez mollement sur l'édredon, pour l'appétit de quelques sous, il *frotte* vos rues. — Je lui en sais gré ; mais je ne puis m'accoutumer à ces épouvantables figures, et si je n'eusse rencontré dans cette maudite rue les traits un peu humains de Mademoiselle Desvignes, je me serois cru transporté tout à coup dans ces climats barbares, où l'on dit que les hommes boivent de l'huile, se frottent le corps avec du suif, et font cent autres gentillesses semblables. — Votre admiration doit donc redoubler pour ceux qui, brûlant du désir de secourir leurs semblables, quittent la nuit * leurs

* M. Denis-François Angran-d'Al-

demeures somptueuses pour aller porter à l'indigent des secours et des consolations ; pour ces hommes charitables qui parcourant les asiles de la misère,

Ieray, dernier lieutenant-civil de l'ancien châtelet, avoit coutume d'exercer sa bienfaisance dans le faubourg Saint Marceau ; c'est ce magistrat vénérable, dont la conduite journalière se trouve dépeinte dans les vers suivans, tirés d'un poëme inédit.

> A cette heure même, où s'envole
> La paille d'un plaisir frivole,
> J'ai, dans d'autres temps, admiré
> L'ange de l'humanité pure,
> Sous les traits d'un vieillard sacré
> Qui, d'une ample magistrature
> Quittant le costume honoré,
> Et d'un citadin ignoré
> Empruntant la simple parure,
> Gravissoit, d'un pied vertueux,
> Le pas obscur et tortueux

auvent du désespoir ce père
nfortuné, chargé d'une nom-
>reuse famille, rattachent à la
ie cette mère expirante sur son

 Qui mène au toît de l'indigence ;
 En chassoit l'hiver et la faim
 Avec l'écu de bienfaisance,
 Épanchoit le lait à l'enfance,
 A la mère rompoit le pain,
 A l'infirme, alité par l'âge,
 D'un chanvre qu'amollit l'usage
 Changeoit le tissu blanc et sain,
 Assignoit une aumône juste,
 Par le travail, au bras robuste ;
 Par un baume samaritain,
 Calmoit les maux de la souffrance ;
 Enfin, condamnant au silence,
 D'un geste de sa noble main,
 La reconnoissance indiscrète,
 Regagnoit sa sainte retraite,
 A pas sourds, souvent demi-nu,
 Heureux de se croire inconnu......

'ragm. du poëme des HEURES, ch. 5.)

lit de douleur, et par leurs soins constans et généreux, s'opposent à ce que la foible chaîne qui lie le pauvre à l'humanité, ne soit tout à fait rompue. — J'enverrois quelques écus chez ces malheureux ; mais je n'aurois jamais le courage de les visiter. Je *n'aime pas à voir la misère.*

CHAPITRE V.

Le jardin des Plantes. — La ménagerie. — L'éléphant. — Le cabinet d'Histoire naturelle.

— Je ne sais quelle route a prise notre conducteur, mais nous voilà arrivés. — Nous allons respirer un air pur. — Oubliez un instant votre jolie limonadière, et recueillez-vous, continua Sainclair. Nous voici dans le plus riche jardin de l'univers. Tout ce que les trois règnes présentent de riche et d'agréable, est ici rassemblé avec un goût et dans un ordre qui charme l'œil, en même temps qu'il est propre à faciliter l'instruction. C'est pour vous procurer ce spectacle enchanteur, que des hommes courageux se sont dévoués aux plus pénibles travaux, ont traversé les mers, parcouru les régions les plus lointaines, gravi les rochers, enduré la soif et la faim ; c'est pour vous faire jouir de toutes ces richesses, que d'intrépides voyageurs ont mille fois bravé la mort, consumé leur fortune, et abrégé le cours de leur vie. — Au fait, Monsieur l'orateur. — Pardonnez-moi ce petit préliminaire. J'étois bien aise de faire ces réflexions avant de mettre le pied dans le temple de la nature. Auriez-vous daigné penser à ceux qui ont pris tant de soin de vos plaisirs ? — Ajoutez donc et de leur gloire. — Je conviens que l'amour de la renommée entre pour quelque chose dans les travaux des savans ; mais quand ce mobile sert au bien général, n'est-il pas infiniment louable ? — Je le veux bien. Mais jouissons. — Il est deux heures passées, parcourons le jardin, en attendant l'ouverture du cabinet. — Entrons dans les serres, nous y achèterons des fleurs.

En disant ces mots, Théodore suivoit son guide, et entroit avec lui dans la serre nouvelle *. « Quel riche amphitéâtre de verdure, s'écria-t-il, quel ordre et quelle symétrie ! la vue et l'odorat sont également satisfaits. Moi qui ne connoissois que les bouquetières des spectacles, ** les étalages de la *rue Vivienne*, et la serre du *Pont-des-Arts*, je crois ici être admis à la toilette de la nature. Ces fleurs me sont toutes étrangères. Quelle est cette plante ? comme ses feuilles sont élégamment découpées !

* Construite en 1803.
** Dans les grands spectacles, des marchandes de fleurs parcourent les loges.

Et celle-ci, comme sa tige est singulière! et toutes ces étiquettes, toutes ces classes et ces numéros! Je m'y perds. Monsieur le jardinier, comment pouvez-vous vous y reconnoître?... Composez-moi, je vous prie, un bouquet des fleurs les plus rares : je n'en veux pas une qui soit connue. Sainclair, je veux faire sensation, demain. Je veux que toutes les femmes disent en voyant mon bouquet: ah! le joli bouquet! où avez-vous donc pris cela, M. Théodore? et je leur répondrai : mesdames, c'est dans le faubourg St.-Marceau. — Quoi, dans ce pays perdu ? — Oui, mesdames. — Votre idée est plaisante, dit Sainclair. »

On arrangea donc quelques fleurs rares, et qui répandoient un parfum délicieux. Théodore paya largement, et nos curieux passèrent à de nouveaux objets.

Sainclair avoit conduit son compagnon de voyage devant ces lourds animaux qui, de la Hollande ont passé en France. « — Je reconnois bien là votre goût, dit Théodore, aussitôt qu'il eut vu les monstrueux éléphans ; peut-on m'amener de la Chaussée d'Antin, pour me faire admirer cette grosse masse de chair ? Vous qui êtes toujours en extase devant les merveilles de la nature, contemplez à votre aise ces chefs-d'œuvres ; quant à moi, je m'éloigne de ces hideux objets : j'en ai peur. — Doucement, doucement, commencez par examiner avec quelle souplesse et quelle agilité se meuvent ces colosses vivans ; avec quelle adresse ils saisissent les plus petits objets, à l'aide de l'instrument dont la nature les a doués ; voyez comme leur œil est vif, et comme il annonce une grande intelligence ! puis vous serez peut-être disposé à pardonner à ces pauvres animaux, cette oreille que vous trouvez si difforme, et cette peau rocailleuse, qui les rend propres aux pénibles travaux pour lesquels ils étoient destinés *. — Tout ce que vous dites est fort juste, mais je ne puis me reconcilier avec *nos-*

* M. Cuvier, qui marchant sur les traces de Vicq-d'Azyr, recule chaque jour les bornes de l'ANATOMIE COMPARÉE, voulant étudier avec plus de fruit le squelette de l'éléphant, peu de temps après la mort de ce monstrueux animal, s'est assujéti à passer une semaine entière, renfermé dans son corps. On raconte à ce sujet qu'une personne qui cherchoit cet illustre savant dans son laboratoire, après l'avoir appelé plusieurs fois à voix basse, étoit près de se retirer, lorsqu'il vit le célèbre physiologiste sortir du squelette de l'animal.

seigneurs les éléphans. Dans les livres je les supporte encore : là, tout resplendissans d'or, et chargés de riches tissus, attelés au char des triomphateurs, ou portant sur leur dos les monarques efféminés de l'Asie, ils ajoutent à la pompe du spectacle ; mais ici, nus et dépouillés de tout ornement, couverts de poussière et d'ordure, ils me font reculer de cent pas. — Pour faire aimer ces animaux par le beau monde, il faudroit qu'à la première représentation d'Adrien *, l'on substituât six éléphans blancs

* Opéra dans lequel on voit un char attelé de six chevaux.

aux chevaux dont on y fait usage. — A la bonne heure, tout Paris y courroit : cela feroit la fortune de l'Opéra. — Je me figure nos petites-maîtresses tremblantes dans leurs loges, et se récriant à la vue de cet attelage extraordinaire. « Ah ! mon Dieu ! les vilaines bêtes ! Qu'est-ce que cela ?... Voyez donc un peu ces grandes oreilles et ces petits yeux !

Après avoir traversé la *Vallée suisse*, nos voyageurs arrivèrent à la ménagerie des animaux féroces. Le soleil dardoit ses rayons dans la loge du tigre et du lion : ces terribles quadrupèdes, en éprouvant la chaleur du pays natal, se mettoient à bondir et à pousser des hurlemens affreux. — Sommes-nous bien en sûreté ? dit Théodore. Bon Dieu ! si ces barreaux alloient se briser. — N'ayez pas peur, et suivez-moi dans la seconde enceinte, afin de voir plus à notre aise les belles couleurs dont la peau de ces animaux est nuancée. — Nous approcher de si près ! c'est une étourderie. — Non, ne craignez rien : vous allez voir comme ceux que vous croyez si méchans sont doux et obéissans à la voix de leur maître. »

Sainclair entraînoit Théodore le long des grilles, à travers lesquelles le chef de la ménagerie passant sa main, flattoit tour à tour le tigre, la panthère et le lion, l'enfonçoit avec assurance dans la gueule immense de ce dernier, le baisoit, et en recevoit mille caresses, comme de l'animal le plus foible. Cependant, il n'eut pas la même confiance en la hyène féroce, qui suit les armées, et se gorge du sang des soldats expirans. Elle rongeoit avec fureur le fer que lui présentoit le guide de nos jeunes-gens, et dans sa rage impuissante elle grinçoit les dents, et inspiroit la terreur à la foule des curieux. Un petit singe, placé à l'extrémité de la ménagerie, les divertit par ses gambades et ses grimaces, et chassa de leur âme la frayeur qu'y avoit portée l'aspect d'un animal aussi sanguinaire.

« — Que de réflexions je pourrois faire sur tous ces animaux ! dit Sainclair. — Il y a lieu à un beau commentaire ; en effet, d'un côté vous nous peindriez l'ours du Nord, au museau allongé, aux griffes aiguës, se balançant stupidement dans sa cage étroite ; de l'autre, ce lion, dont les premiers rugissemens firent retentir les déserts de Zara, contraint aujourd'hui d'habiter dix pieds carrés, et le roi des forêts renfermé entre quatre planches de chêne. Ne seroit-ce pas un digne sujet d'amplification? —Laissons cela aux écoliers et aux faiseurs de livres. Passons à cette charmante pièce d'eau, qu'environnent des bosquets délicieux, peuplés de mille oiseaux. — Savez-vous bien, mon ami, que cette idée est extrêmement ingénieuse, dit Théodore, lorsqu'il eut fait le tour de la pièce d'eau; il faut que je fasse exécuter un semblable bassin dans le jardin anglais de M. Saint-Elme : il ne lui manque que cet ornement pour être un jardin accompli. — Quel est donc ce monsieur Saint-Elme ? Quoi ! vous ne connoissez pas ce riche propriétaire, qui, fou de toutes les nouvelles idées en ce genre, s'appauvrit pour les exécuter ; qui plante, arrache et replante sans cesse ; qui *bâtit* des rochers, fait couler des rivières, et penche sur leurs bords les branches du saule pleureur ; qui construit des obélisques, y grave des inscriptions funéraires, et qui, enfin, dans un jardin de dix arpens, dépense vingt mille livres par an, pour avoir un tapis de gazon bien uni, une montagne et un pont chinois ! — Ce sont des folies bien innocentes, tant qu'elles ne ruinent personne. — Je le verrai la semaine prochaine ; je lui dirai que je suis émerveillé de ce bassin ; je lui en ferai la peinture la plus séduisante ; ou s'il connoît cet ornement du Jardin des Plantes, je lui reprocherai de ne pas l'avoir imité : là-dessus mon homme se frappera la tête avec la main gauche, et puis après avoir rêvé quelque temps, il s'écriera : « quoi ! je n'avois pas » songé à cela ! Dubois ? (c'est » le nom de son homme de » confiance) écrivez à mon » architecte que je l'attends » demain, sans faute, que j'ai » à travailler avec lui. »..Puis

» se tournant vers moi : « Mon
» ami, que je vous sais gré de
» ce bon conseil! Grâce à vous,
» je serai le premier qui possé-
» dera dans son jardin anglais
» une semblable merveille.» —
Je n'interromps point votre
roman, et votre imagination
trotte à son aise. — C'est la
vérité toute pure; mon homme
fera exécuter le bassin en question; il en sera émerveillé, le
montrera avec complaisance.
Deux mois après, un nouveau
conseiller viendra, qui lui persuadera de faire combler la
pièce d'eau : et elle sera méta-
morphosée en tout ce qu'il
plaira au nouveau donneur

d'avis. — Je vous le répète, ces ridicules sont excusables; mais je ne pardonne point la manie d'un jardin anglais à celui dont le terrein s'y refuse évidemment. — Ainsi, vous riez sans scrupule de ce petit bourgeois qui, dans un demi-arpent d'étendue, veut avoir son rocher, ses cascades, sa chaumière et son pont chinois; qui coupe une barrique en deux, et les transforme en bassins, dans lesquels se jouent trois ou quatre poissons rouges. — Et je plains l'homme qui, pour donner le dimanche à sa compagnie, le spectacle de sa *rivière,* se tue, le samedi au soir, lui, son jardinier et son fils, à dessécher les puits voisins *. Pendant que nous bavardons ainsi, quatre heures sont sonnées ; hâtons-nous de nous rendre au *Cabinet d'Histoire naturelle.* — Je le veux de tout mon cœur. J'ai quelque honte de n'avoir point encore visité ces précieux dépôts, et je me hâte de réparer mes torts. »

Nos voyageurs entrent avec la foule dans les salles immenses où sont exposées les diverses productions de la nature. Ils admirent, ils sont éblouis, ils

* *Fait historique.*

restent en extase. Quand ils eurent parcouru les diverses salles, et payé un juste tribut d'éloges à l'ordre et à l'élégance qui brilloient partout : « Eh bien, dit Sainclair, vous qui vivez dans des quartiers bruyans, vous vous croyez les plus heureux mortels ! vous qui pensez que vos petits appartemens, vos meubles, vos draperies et vos franges, sont ce qu'il y a de plus précieux au monde, concevez donc aujourd'hui qu'un herbier bien complet, où les fleurs brillent de leurs couleurs naturelles ; une riche collection d'insectes, d'oiseaux, de papillons, de minéraux, peuvent avoir quelque prix, et procurer des plaisirs aussi vifs que ceux qu'on achète à grands frais, aux dépens de sa fortune et de ses jours. Ce savant, qui passe les jours et les nuits à classer méthodiquement les innombrables productions de la nature, ne connaît point, à la vérité, nos grands repas, nos bouillottes ruineuses, nos thés prolongés bien avant dans la nuit, nos courses à cheval, nos spectacles, nos concerts..... Mais en revanche, tranquille dans son cabinet, ivre de joie quand il a découvert quelque système, à l'aide duquel les diverses productions de la nature se classeront sans peine, et dans un ordre admirable, il ignore les passions qui nous tyrannisent; il est étranger à nos grandes disputes sur des riens, à nos sanglantes jalousies pour des femmes qui se moquent de nous, à nos engouemens fanatiques pour telle actrice ou tel danseur, qui ne nous connoissent pas. -- Bien pensé, sagement dit. Mais je ne me sens point une dose de patience suffisante pour passer ma vie à trier des herbes, à *empaller* des papillons, à casser des pierres, à disséquer des animaux, à coller des plumes, etc. C'est peut-être une occupation délicieuse; mais je n'ai nulle vocation pour ces honorables fonctions. — Je ne prétends pas transformer votre chambre en un laboratoire de chimie, ni vous faire renoncer au monde, pour aller grimper sur les montagnes et courir après des papillons; mais je crois qu'un heureux mélange de plaisirs et de travaux, romproit un peu l'uniformité de votre vie, et que votre santé n'en seroit que plus brillante. Ainsi, par un beau jour, je suivrois Jussieu dans le bois de Boulogne ; j'assisterois à quelque séance littéraire; quand Fourcroy, Delille ou Le Gouvé seroient annoncés, j'irois les entendre. Le soir, la table, le spectacle, la danse et le jeu, vous occuperoient tour à tour. — Point de milieu, mon ami, point de milieu. Je ne hais rien tant qu'un demi-savant. On rencontre quelquefois de ces jeunes-gens qui sont inscrits pour tous les Cours, et dont la tête n'est qu'une *Encyclopédie renversée ;* ils ne sont ni instruits avec les savans, ni aimables dans un cercle. Il faut opter : il faut être un ours ou un papillon léger. — Vous êtes incorrigible. Aussi, vous aurez le sort de l'insecte éphémère que vous prenez pour modèle. — —Comparaison rebattue.. —Ne nous fâchons pas. — Mais aussi pourquoi abuser de ma complaisance ? Je vous ai promis de visiter les divers établissemens qui sont l'ornement de ces faubourgs ; mais il n'a point été question, dans notre marché, de commentaires et de morale. — Petit ingrat ! je vous abandonne à vous-même, et je viens aux pieds de la statue du grand Buffon sceller un nouveau traité d'alliance, en vous demandant seulement si jamais on a élevé des statues au jeune homme le plus aimable, à celui qui a fait l'admiration des cercles, et qui n'a pas eu d'autre mérite ? — Je réponds à cette question que la gloire est une vaine fumée dont il n'est pas donné à tout le monde de se nourrir de son vivant, comme il est arrivé au seigneur de Montbar. — Vous avez vos raisons ; mais au lieu de perdre le temps en une vaine dispute, il me semble que nous devrions songer à réparer nos forces..... Nous avons encore quelques courses à faire. — J'accepte volontiers. Mais à cette heure, trouverons-nous à dîner ? — J'aperçois l'enseigne d'un restaurateur en face de l'escalier ; entrons-y. — Je vous suis aveuglément.

CHAPITRE VI.

Dîner chez le restaurateur du Jardin des Plantes.

« Voici la carte, Messieurs, » dit, d'un ton assez agréable, une petite servante vive et alerte, qui s'empressoit de couvrir d'une serviette demi-blanche l'humble toile cirée destinée au vulgaire, et que, du premier coup d'œil, elle avoit jugé ne pas devoir convenir à nos élégans. Cette carte fastueuse étoit un mauvais papier sans date, sur lequel étoient inscrits, en style de cuisinière, une foule de mets recherchés, et une longue liste de vins, que le traiteur eût été fort embarrassé de *réaliser*. — « Etudions un peu cette carte, mon cher Sainclair, et lisons-la, si nous pouvons. Dans le quartier des lettres, on écrit fort mal — C'est une chenille près d'une belle fleur. — *Pautage aux vermichelle cinque sous.* — S'il est bon, ce n'est pas cher. — *Pautage à la Julien*, même prix. — Point de soupe dans les auberges : c'est un axiôme de gourmand. Mademoiselle, point de soupe. Voyons les entrées. *Cannare o navais. trante sous.* Que vous en semble, Sainclair ? — Nous en essaierons. — Vous entendez,

Mademoiselle? un canard aux navets, et du vin à vingt sous.... qui sera le même que celui de quinze. Mais il faut s'en rapporter à la probité des gens. — Messieurs, il est excellent; nous sommes sûrs de sa qualité, car nous le faisons nous-mêmes. — Le propos n'est pas mauvais. — Vous nous donnerez ensuite de vos *pizons rautis*. Votre chef bégaye sans doute, Mademoiselle? — A quoi en sommes-nous réduits? dit Théodore à Sainclair. Peut-on, quand on a dîné chez Beauvilliers, à dix écus par tête, venir s'empoisonner dans un pareil taudis? — Accoutumez-vous à jouir par les contrastes. La mauvaise chère à laquelle vous êtes aujourd'hui condamné, vous fera trouver cent fois meilleur le repas de demain Nous allons être une bonne fortune pour ces pauvres diables, qui n'ont que rarement des convives opulens, et cette idée me rend supportable leur mauvaise cuisine. — Quelle philosophie! je n'ai pas, comme vous, le talent d'envisager les choses : ce canard est froid, et ce vin est frelaté. — Vous vous plaignez avec raison. Mais convenez que chez vos plus fameux restaurateurs, je vous ai entendu vingt fois jurer. Là l'extérieur, il est vrai, me charme ; la propreté brille partout ; mais on vous attrappe comme ici. — J'en conviens ; mais puisqu'il faut être trompé, au moins que ce soit agréablement. — Vous n'êtes donc pas contens, Messieurs ? — Mademoiselle, il n'y a de bon dans votre dîné que la main qui l'a servi... Sainclair, savez-vous à quoi je songe en voyant cette jolie créature nous servir avec tant de grâce et de vivacité ? Je crois qu'il seroit piquant de remplacer ces garçons bien fades, et si satisfaits de leur jolie personne, par de jeunes filles coîffées à la Babet, en jupons courts et en bas blancs. Il me semble que les mets en seroient meilleurs. — Du moins les fadaises qu'on leur débiteroit feroient oublier les torts du cuisinier. — Une main potelée, un bras arrondi, une figure fraîche et une parole douce, préviendroient en faveur des plats qu'on serviroit, et..... — Et les jeunes-gens feroient folies sur folies : en deux jours, la vaisselle du restaurateur seroit brisée ; les gens sages ne seroient point servis, et votre plan ne dureroit pas un mois. — En attendant qu'il s'exécute, voyons le reste de la carte.... Mademoiselle, donnez-nous une anguille à la Tartare. — Il n'y en a plus pour le moment. — Vous nous ferez, alors, une friture d'artichauts et une omelette soufflée, que vous accompagnerez d'une bouteille de Bordeaux, si vous en avez. »

Un grand quart-d'heure après la fille remonte, tenant fièrement d'une main sa friture d'artichauts, surmontée d'une touffe de persil verdoyant, et de l'autre son flacon de vin dit de Bordeaux…. Mais comment annoncer que le chef ignorant ne sait pas faire une omelette soufflée ? Enfin, elle hasarde son excuse. « Messieurs, je suis bien mortifiée de ne pouvoir vous donner le second plat que vous de-

mandez ; mais.... Monsieur....
vient d'être saisi d'une migraine
affreuse, et dès que ce mal le
prend, il est incapable de rien,
le pauvre homme ! — Comme
cette migraine est subite ! Sainclair, cela ne ressembleroit-il
pas aux indispositions de nos
belles actrices, qui se font ma-
lades à commandement quand
elles ne peuvent ou ne veulent
pas jouer ? — Je crois que le
chef ne manque pas de bonne
volonté, mon ami ; mais il est
accoutumé à des mets simples,
et vous l'effarouchez par vos de-
mandes extraordinaires. — Bien
nous a pris de ne pas lui com-
mander un *potage à la Camé-*

rary ; des *Côtelettes à l'épigramme*, et des *poulets à la Marengo*, vous auriez vu notre homme atteint, une heure plutôt, de sa maudite migraine. — Vous êtes bien méchans, Messieurs. — Comme vous nous faites de jolis petits mensonges ! — Moi, Messieurs ? — Allons, laissons le cuisinier se guérir, et donnez-nous de la pâtisserie, des fruits et du café. — Vous allez être servis dans un moment. »

Ce moment dura vingt minutes ; il fallut courir chez le pâtissier voisin, chez une fruitière renommée, qui demeuroit à la Place Maubert, et pendant ce temps on prépara le café. Théodore perdoit patience, et vouloit faire tapage. — Rions de tout cet embarras, de tous ces retards. Nous nous délassons de nos courses, et la lenteur de M. le chef nous rend un très-bon service. — Oui, mais le temps passe. — Et il faut que je vous conduise ici près, dans une maison à laquelle vous ne songez guère assurément. — Aux *Gobelins*, peut-être ? ne sont-ils pas dans notre voisinage ? — — Oui. Quoique cet établissement soit digne de toute notre curiosité et de toute votre attention, je n'y pense pas pour aujourd'hui. — Où donc en ce cas ?

à l'*Observatoire* : c'est encore un des monumens célèbres du pays. — Assurément ; mais qu'irions-nous y faire ? Mettre l'œil à de grosses lunettes pour ne rien voir, descendre dans de vastes souterrains qui vous effraieroient, tout cela est trop savant pour nous. — Je ne vous devine pas..... Sur les *Boulevards neufs* ? On m'a toujours dit que c'étoit le plus beau désert du monde ; que cette promenade ressembloit merveilleusement à ces longues et tristes avenues de château qu'on rencontre parfois en voyageant. — Vous n'y êtes pas encore. Il ne seroit pas sans intérêt de comparer la solitude de ces boulevards, fréquentés seulement par quelques amans malheureux, ou quelques poëtes rêveurs, avec nos fameux boulevards, toujours couverts d'une foule immense et joyeuse, bordés de boutiques élégantes où se trouve réuni tout ce que le luxe et la mode inventent chaque jour, semés çà et là de salles de spectacles, où s'entasse un public curieux. — Et ignorant. — De discuter enfin par quelle raison la population se porte vers ce point, et pourquoi, semblable au rivage que la mer a délaissé, ce quartier se dépeuple si sensiblement.... Mais il ne s'agît point de toutes ces observations *statistiques*, que j'abandonne à la sagacité de M. P....t. Pour vous égayer, je vais vous conduire dans une prison..... — Joli divertissement! à merveille! — J'aurai du moins une belle relation à faire : des verroux qui crient, des guichetiers à la mine rébarbative, des chaînes, etc. voilà qui sent bien son roman. Nous irons donc à Sainte-Pélagie ? * — Justement ; mais qu'y ferons-nous ? — Ce que nous y ferons ? Nous y consolerons ce malheureux Belille, qu'un instant d'erreur y a plongé ; nous

* Maison où sont renfermés les prisonniers pour dettes.

le forcerons à recevoir les secours de l'amitié, s'il en a besoin ; nous lui demanderons ce qu'il faut faire pour l'arracher de cet abîme ; quels créanciers il faut voir, attendrir. — Bien, bien, je vous reconnois, et me repens de ne pas vous avoir deviné. Prenons notre café, payons comme si nous avions bien dîné, et partons. — Sans voir le *Belvédère*, le *Cèdre du Liban*, * le *cipe de d'Aubenton*, ** et tant d'autres.

* Le cèdre du Jardin des Plantes, un des plus beaux arbres du monde, fut apporté de Londres, par Tournefort, dans son chapeau.

** D'Aubenton a desiré être enterré

choses dont vous m'aviez parlé en route ? — Ce sera pour une autre fois, je crains d'arriver trop tard à Sainte-Pélagie. »

Théodore et son ami descendirent, et le premier, s'adressant à la femme du restauraraleur : « tenez, Madame, voici votre argent, et que Dieu guérisse M. le chef de sa migraine. — Et la fille, Messieurs, vous ne l'oublierez pas ? — Non, non, mais ne mentez plus. »

Ils s'en allèrent en riant aux éclats, de la scène qui venoit de

dans le labyrinthe : on lui a élevé une colonne de granit, au pied de laquelle sont des cristallisations, et autres objets d'histoire naturelle.

se passer, se promettant bien de rire encore aux dépens du cuisinier ignare. Mais la vue des portes basses et recouvertes en fer, de ces masses de pierres, de ces sentinelles à l'air réfrogné, chassèrent les ris et la gaîté, et courbant la tête sous l'affreux guichet, ils entrèrent dans le Newgate * parisien.

* Nom des prisons pour dettes à Londres.

CHAPITRE VII.

Le prisonnier pour dettes.

« Quoi ! c'est vous, mes amis, qui laissez le monde, et les plaisirs qui vous suivent partout, pour visiter un malheureux dans sa prison ! dit Belille en voyant entrer nos jeunes-gens dans sa chambre étroite. — N'exagérez pas le mérite de notre action, reprit vivement Théodore ; nous sommes venus au *Jardin des Plantes* ; Sainclair a songé à vous, m'a proposé de venir vous voir, et j'ai accepté : la gloire en est toute à lui. — Vous êtes tous deux plus aimables et moins ingrats que tant de prétendus amis qui, dans le temps où je brillois, m'offroient leurs services et leurs bourses, et qui aujourd'hui, où je ne leur demande qu'une visite, m'ont abandonné. — Hélas! il faut s'y attendre : vous connoissez le proverbe,

Lorsqu'à nos vœux la fortune est propice,
 Les amis naissent sous nos pas ;
De la volage essuyez un caprice,
 Vous ne trouvez que des ingrats.

Mais apprenez-nous au vrai la cause de votre malheur, mon cher Belille? Car vous savez que dans le monde les événemens s'interprètent toujours d'une manière défavorable. — Avec plaisir. Vous allez voir de quelle trahison épouvantable je fus la dupe. « J'étois, pour mon malheur, fort lié avec Sainville, et nous avons fait bien des folies ensemble; je le croyois étourdi, mais incapable d'une bassesse : je me trompois; il jouoit, et je l'ignorois. Au sortir d'un dîné prolongé, nous perdons la tête dans quelques *buls* de punch, et nous allons, par ennui, dans une de ces maisons de jeu, si communes au Palais-Royal. Là, nous nous contentons longtemps d'être simples spectateurs, et moi-même, je finis par m'endormir. Sainville au contraire se réveille, prend part au jeu, et perd tout son argent; il a de l'humeur, se pique, et ne sachant plus à quel moyen recourir pour satisfaire sa passion, il m'engage à répondre pour lui pour une somme légère. J'y consens. Il en fait son billet, je ne lis pas et je signe... une lettre de change de douze mille livres, à dix jours de date. En voyant l'or s'échapper à grands flots de ses mains, j'ouvre les yeux; je veux faire du bruit; mais il m'appaise par l'espoir de gagner, et enfin à trois heures du matin, il avoit perdu cinq cents louis..... sur mon billet...! Nous sortons ensemble du tripot ; j'étois furieux, et je l'accablois de reproches, quand deux voitures venant à se croiser, Sainville s'esquive et me laisse en proie à la colère et au désespoir.

» Le lendemain je vis toute la profondeur du précipice où j'étois tombé. Je courus me jeter aux genoux de mon père, lui avouer mes torts, et solliciter son indulgence. Il fut inexorable et me dit d'un air fort tranquille : Monsieur, je ne paierai point la lettre de change ; vous passerez un an en prison ; vous y serez bien nourri, vous n'y manquerez de rien, et je vous réponds que de votre vie vous ne retournerez au jeu. Je sais bien que payer les 12000 liv. aujourd'hui, ou dans un an, c'est la même chose ; mais vous et vos créanciers compteriez sur mon indulgence pour une autre fois. Vous avez fait une sottise, il faut la boire. — J'ajoutai : mon père, si j'ai commis une faute, elle est bien excusable ; j'étois privé de la raison, Sainville est le seul coupable. — Eh bien vous songerez à ne plus la perdre, et à mieux choisir vos amis.

« J'eus beau déployer toute mon éloquence pour émouvoir mon père, mes efforts furent inutiles. Je conservois cepen-

dant quelque espoir qu'il ne me laisseroit point conduire en prison ; je me trompois : un mois après l'expiration du fatal billet, je fus, un beau matin, arrêté sans bruit sur le boulevard, et conduit dans ce triste séjour. Depuis que j'y suis, mon père me fait passer de l'argent au-delà de mes besoins. Les livres nouveaux, la musique, les journaux de toute espèce, rien ne me manque..... excepté la liberté, le premier des biens. »
— Et parmi vos compagnons d'infortune, trouvez-vous au moins quelque ressource ? — Je serai redevable à ma détention de connoître une des plus

belles langues modernes. Un jeune Italien, qui expie comme moi ses péchés, me donne deux leçons par jour, et, ce qui vaut encore mieux pour moi, c'est que, sous peine d'une amende, je ne puis lui parler qu'en italien. — Ainsi, vous allez faire des sonnets par centaines, et en envoyer à toutes les maîtresses que vous avez laissées dans Paris. — Foible consolation !.... Mais nous ne sommes pas d'ailleurs si à plaindre : tout Paris vient ici. Nous donnons de jolis dînés à des femmes charmantes; il règne une certaine familiarité qui contribue puissamment au plaisir : héritiers du babil et de la curiosité des noues * que nous remplaçons, nous savons mieux que personne les nouvelles de la capitale. Nous avons des concerts, voire même des lectures académiques, et tant bien que mal, les journées s'écoulent. De temps à autre, quelque événement, triste ou gai, vient rompre la monotonie de notre existence, et nos commentaires intarissables, et nos bavardages, le prolongent jusqu'à ce qu'une scène nouvelle le fasse oublier. Ainsi, l'évasion du jeune Dorville a fait, pendant un mois, le

* La prison de Sainte-Pélagie a été construite sur les ruines d'un couvent de filles.

sujet de nos conversations. — Comment, quelqu'un des vôtres a trouvé le secret de sortir de cette étroite prison ? — Oui, et voici comment. Dorville étoit amoureux fou de la plus belle personne que je connoisse, et son amour étoit partagé. Chaque jour il recevoit la visite de sa maîtresse, qui savoit trouver des prétextes pour colorer son absence vis-à-vis de ses parens, et des déguisemens nouveaux, pour tromper les yeux des espions. Quand ces deux amans se séparoient, ils versoient des torrens de larmes capables d'attendrir un guichetier. — *Si scirent ignoscere Manes....* —

Vous sentez qu'une pareille femme est capable de tout. Un jour que la foule des étrangers étoit nombreuse, Rosine conseille à son ami de prendre les habits de son sexe, dont elle s'étoit munie. Elle lui peint avec chaleur la confusion qui règne dans la prison, le bonheur qui l'attend au-delà des fatales portes, le presse, et le décide à saisir l'occasion favorable. Celui-ci cède aux conseils de son amie : une perruque blonde couvre sa tête ; un chapeau, bien avancé, cache la moitié de sa figure ; une redingotte de basin enveloppe et déguise sa taille, heureusement peu élevée ; un ridicule est dans sa main ; il se mêle parmi la compagnie, qui s'écoule à la chute du jour, trompe les cent yeux des Argus, et tient la liberté des mains de celle à qui il devoit le bonheur. — Bravo ! bravo ! s'écrièrent les deux amis. Quel dommage, dit Sainclair, que ta haute stature ne se prête point à un tel déguisement ! l'amitié rempliroit pour toi le rôle de l'amour. — Que dites-vous, Sainclair ? croyez-vous qu'à vingt ans, avec un nom, de la fortune, de la tournure et de l'esprit, votre ami n'ait pas quelque belle consolatrice qui vienne mouiller chaque jour de ses larmes les chaînes de son amant? — Ceci est mon secret, Messieurs... Dans tous les cas, je lui sais gré de sa bonne intention. *Mais il n'est pas donné de tromper deux fois les guichetiers.* L'escapade de Dorville a fait revivre les anciens réglemens, et vous allez voir comment on va vous fouiller en sortant. — Tant pis, tant pis. Je me sentois animé par le récit que tu viens de nous faire, et je me voyois dejà, comme une autre Rosine, brisant tes fers, te reconduire aux pieds de ton père, qui n'auroit pas eu la cruauté de rouvrir ta prison. — Heureusement j'ai parcouru plus de moitié de ma carrière, et dans cinq mois, je rentrerai dans le monde, où l'on m'aura bien oublié. Au moins, j'aurai reçu une bonne leçon, et je pourrai lire le *Tasse* dans sa langue.

A présent que j'ai épuisé les nouvelles de la triste demeure où l'on m'a claquemuré, mettez-moi, je vous prie, au fait du monde joyeux que vous habitez. — Volontiers. — Qu'est devenu cet infatigable faiseur de charades et de logogryphes? — Qui? ce fou de Durancy, qui se croit un génie, parce que le complaisant *Journal des Spectacles* enregistre chaque jour ses petits vers. Il est toujours le même ; il se regarde comme un personnage distingué dans la littérature, parce que les femmes le recherchent. — Pour le baffouer, dit Sainclair. — Et ce petit poëte, qui nous promet depuis si long-temps une pièce nouvelle. Chaque matin j'ouvre le journal, croyant y trouver l'annonce de ce chef-d'œuvre tant prôné, et mon espoir est trompé. Vous rappelez-vous son air de contentement et de vanité, quand il nous disoit : Messieurs, je suis reçu *à lecture ;* c'est pour mardi. Le mardi se passoit, bien des mardis ensuite, et madame B... avoit été indisposée, et M. L.... n'avoit point assisté à la lecture. Dégoûté, nous disoit-il, de tant de tracasseries, j'ai retiré ma pièce et l'ai portée ailleurs. Ailleurs, même malheur.... Enfin, quand j'ai quitté le monde, il étoit, je crois, tombé de chute en chute au *Théâtre Olympique.* Mais laissons ce rimeur infortuné, et parlons des femmes à la mode. Comment les nommez-vous? — Je ne suis plus au courant, dit Théodore ; j'ai quitté Paris depuis ce matin : peut-être y a-t-il une nouvelle liste. Mais hier les personnes en faveur étoient madame B***. — Cette brune si piquante ? — Oui. On parloit encore d'une dame russe et d'une baronne allemande. — Quoi! nos Parisiennes se laissent enlever la palme de la beauté! voilà qui me surprend. — Parmi les jeunes personnes, Aglaé R... et Euphrosine D... sont les beautés régnantes.

—Eh bien, Messieurs, est-ce que vous n'entendez pas la cloche? on sonne depuis un quart-d'heure. — Quoi! il est déjà sept heures, père Terrible, dit Belille. — Eh! oui, il est sept heures. Vous ne trouvez pas le temps long, vous autres; vous causez, vous causez.... Si vous aviez quelque dame, je vous pardonnerois d'être sourds..... Ce M. Belille est un fier gaillard pour le sexe. — Il y a quarante ans, quand vous étiez caporal dans Royal-Comtois, vous ne haïssiez pas le beau sexe non plus, et quand vous êtes en pointe, vous nous racontez quelquefois de vos tours, qui ne sont pas trop mauvais. — Je ne me souviens plus de ces folies. J'ai dit adieu aux femmes, et je n'ai plus d'autre maîtresse .... — Que la bouteille. — Précisément. — Si vous vouliez vous rafraîchir. — Merci, merci, ce n'est pas le moment. Il faut conserver sa tête froide jusqu'à ce que les oiseaux soient rentrés dans leur cage... Sortez, Messieurs, sortez. »

Il n'y avoit point à reculer. Sainclair et Théodore embrassèrent Belille, en lui promettant de faire auprès de son père tout ce qui dépendroit d'eux pour abréger le terme de sa captivité. Ils virent donc la lourde porte se refermer sur le pauvre prisonnier; et le guichetier, précédé de deux chiens énormes, les conduisit dans une salle basse, où une femme les fouilla, ou fit semblant de les fouiller. Enfin, après toutes les formalités d'usage, ils se trouvèrent dans la rue de la Clé.

« Respirons, dit Théodore; je commençois à étouffer, et je craignois que ces portes effroyables ne se fermâssent sur nous. — Vous n'auriez point aimé un pareil boudoir ? — Pas du tout. J'y serois mort au bout de quinze jours. — Vous auriez fait comme un autre... L'homme s'accoutume à tout. — Mais plus aisément à ce qui lui plaît. »

CHAPITRE VIII.

Le savant de la rue Copeau.

« A présent, mon cher Théodore, choisissez : pour compléter notre voyage et votre instruction dans ce pays, il vous faut rendre visite à un vieux parent qui demeure dans une rue voisine, ou consentir à passer quelques instans chez un savant qui m'honore de ses bontés, et qui habite un modeste appartement dans la rue Copeau. — Mon choix n'est pas difficile à faire : j'opte pour le savant. Outre que je serois un vrai sujet de scandale chez votre cher cousin, et que notre apparition subite, dans ce cercle modeste, troubleroit sans doute quelque grave piquet, ou quelque impériale de fondation, je suis curieux de voir comment sont faits les érudits de ce fameux quartier latin, et quelle différence il y a entr'eux et les beaux-esprits qui dînent à la Chaussée d'Antin. — Nous en trouverons une très-grande, assurément, entre vos poëtes élégans, vos beaux preneurs d'eau sucrée, et notre bonhomme, qui, vivant comme un cénobite, ne se déride qu'avec les Muses, mais qui s'en va tressant tout doucement sa petite guirlande d'immortelles, tandis que la postérité de l'année suivante brisera les mille couronnes que des femmes, des amis et des complaisans, placent chaque jour sur la tête des grands auteurs de société. — Je m'en doutois d'avance, et vous redoublez l'envie que j'ai de voir votre ami. — Mais n'allez pas rire à la vue de l'accoutrement gothique du personnage que nous allons visiter. Préparez-vous donc à voir de sang-froid un vieux chapeau sur des cheveux grisonnans; une longue redingotte sillonnée à l'envi, depuis trente ans, par l'encre et le tabac; des bas de laine, et des pantouffles d'un *style* inimitable. Le mobilier de notre helléniste répond à cet habillement. Mais un œil vif et spirituel, mais un front chauve, où le génie et la raison ont posé leur cachet; mais une gaîté inaltérable qui tempère l'aspérité de l'érudition, mais le ton de la meilleure compagnie, vous feront passer par-dessus toutes ces bagatelles, qui ne sont des ridicules que pour un sot. — Cependant vous avez sagement fait de m'avertir. Etourdi comme je le suis, trop accoutumé à ne juger que sur l'habit, je vous aurois peut-être compromis. A présent, me voilà au fait ; nous pouvons aborder sans crainte l'homme en *us*. — Vous renoncez donc décidément à l'honneur de voir mon vieux cousin ? — Décidément. Je me figure à peu près son habitation. Tenez, écoutez, et dites-moi si j'ai bien deviné. D'abord, une bergame antique couvre les murs d'une salle au rez-de-chaussée, éclairée par de petits carreaux en losange; une bibliothèque, composée de sept à huit volumes, est suspendue dans un angle de la chambre; une pendule de *Boule*, et un baromètre vert-pomme, font face à la commode de marqueterie et à large ventre. De vieux fauteuils en tapisserie, et la chaise à roulettes, pour le maître du logis, voilà le mobilier. — A merveille. Vous peignez tout cela comme si vous y étiez. — Il ne reste plus qu'à animer cette scène en y mettant les personnages. — Les voici. Mon cousin est empaqueté dans une robe de chambre, à grandes fleurs, dont l'étoffe varie avec la saison ; sa tête est couverte d'un petit bonnet de velours noir. — Semblable à celui que portoit *Molé* dans le *Vieux Célibataire?* — Précisément. Son vis-à-vis, c'est le plus souvent un chanoine sexagénaire, qui a sauvé du naufrage commun ses petites rentes, et la gaîté du vieux temps; qui, grâce aux soins d'une fidèle gouvernante, conserve encore quelques traces du vermillon dont parle l'auteur du *Lutrin*. C'est l'oracle de la société. On ne jure que par *Monsieur l'abbé*; et quand une nouvelle est confirmée ou contestée par lui, la chose est jugée sans appel. Il est alternativement *doublé* par un ancien marchand, bon homme et sans prétention, dont tout le génie se borne à savoir bien *écarter* au piquet, à rire aux éclats, quand son adversaire en est aux *postillons*,*ou bien encore par

---

* Terme du jeu de piquet.

un ancien greffier à l'élection, qui se croit obligé, en sa qualité de fonctionnaire sous la monarchie, à fronder impitoyablement tout ce qui se fait aujourd'hui. Selon lui, la justice est vénale, les avocats sont des fripons qui s'entendent entre eux pour ruiner les plaideurs. Il n'y a plus ni mœurs, ni foi, ni religion. C'est un de ces hommes qui vous disent sérieusement depuis quinze ans : *Cela ne peut pas durer.* Quelquefois mon parent, qui est un bon diable, prenant le temps comme il vient, se met en colère, et discute, avec l'homme de l'ancienne robe, les grandes questions de politique. — Ce doit être un spectacle amusant. — Je vous en assure. Il faut voir alors mon cousin se redressant dans son fauteuil, et mettant un poing sur sa hanche, tandis que dans son autre main il tient ses trois cartes d'écart: Monsieur, Monsieur, dit-il à l'imperturbable greffier, de quoi vous plaignez-vous, et qu'avez-vous à regretter? Est-ce que les églises ne sont pas ouvertes? est-ce que les rentes ne sont pas payées à bureau ouvert? est-ce que vous n'avez pas vos Sœurs-du-Pot, les marguilliers et le pain-bénit?»

Quand la querelle est bien échauffée, mademoiselle Babet, vieille fille, que Dieu semble avoir mise au monde pour *faire voir jusqu'où peut aller la fureur du jeu*, dit froidement : « six cartes sont-elles bonnes? — Oui. — Quatorze de valets font vingt ; tierce au roi, vingt-trois ; joué.... M. le greffier, songez donc à vous défendre, et laissez là les Anglais, qui ne s'occupent guère de vous. — Ah ! ces vilains hommes ! avec leurs nouvelles, ajoute l'épouse du marchand, ils quitteroient la plus belle partie, ils feroient manquer le plus beau coup, pour parler politique, comme si ces bavardages changeoient quelque chose aux affaires. — Heureusement que la fureur du *Journal du soir* est passée ; qu'on peut aujourd'hui faire sa petite partie tranquillement.... J'ai joué *pique*.... Quelle misérable rentrée ! Vit-on jamais pareilles pauvretés !... »

« — Me voilà bien au fait du cercle où vous offriez de m'introduire. N'y auroit-il pas là un beau sujet de caricature pour Martinet ?* — J'oubliois de vous dire que la servante

* Libraire, rue du Coq St. Honoré, chez lequel se vendent les caricatures du jour,

du cher cousin, par une marque spéciale de confiance, et par un petit motif d'économie, est à une distance raisonnable de la table de jeu, gardant un profond silence, et filant tranquillement du chanvre, pour un service que j'attends depuis dix ans. — Cela complette le tableau. — Je voudrois posséder comme vous le talent de la description, et j'opposerois à la simplicité de ces ameublemens, à la bonhomie de ces citadins, le faste et l'éclat d'une brillante soirée de la Chaussée d'Antin. — Peut-être ne compteriez-vous pas parmi les figurans de votre cercle opulent, quatre personnages aussi vraiment heureux que ceux dont je viens d'esquisser le portrait; car, le le greffier est sans rancune, et le soir, en allumant son *rat-de-cave* au flambeau du voisin, il ne manque jamais de dire, et toujours dans cet ordre méthodique : « adieu, mon voisin, bonne nuit; » à quoi on répond : « A vous pareillement, mon voisin. » Et mademoiselle Babet donne sans façon son bras au chanoine, et tous ces braves et honnêtes habitans du faubourg regagnent chacun leur toit solitaire, où ils dorment en paix, tandis que vos jolies femmes, vos élégans et vos Mondor appellent le sommeil qui fuit souvent de leurs paupières. — Ainsi, vous allez nous quitter, et venir vous claquemurer dans la salle basse de votre parent ? — Non : mais quelquefois au milieu de ce tourbillon dans lequel nous sommes emportés, je regrette la paix dont on jouit à l'autre bout de Paris ; et quoique je me sois plu à charger un peu le tableau des ridicules de ce pauvre faubourg, je vous jure que j'ai l'estime la plus sincère pour les gens simples et honnêtes qui l'habitent, et que je me déciderois sans peine à y vivre. — Erreur, mon ami, erreur, vous seriez bientôt las de cette vie monotone et ennuyeuse.

— Voyez-vous une petite ficelle qui répond à la fenêtre d'un second étage ? tirez-la, s'il vous plaît. — Pour quoi faire ? — Pour entrer chez mon savant. — Singulière manière de s'introduire. »

Théodore agite le cordon qu'on vient de lui indiquer, et bientôt un humble châssis se lève, et monsieur Aubry allongeant la tête et saluant, dit : Messieurs, je descends. — « Prenez votre sérieux, mon ami, voilà le moment critique qui approche. — Soyez tranquille; je jouerai bien mon rôle.

« Monsieur, dit Sainclair, je n'ai point voulu passer dans votre quartier, sans avoir l'honneur et le plaisir de vous saluer. Permettez que je vous présente monsieur Théodore, mon ami, jeune homme qui cultive les sciences (Théodore s'incline modestement), et avec lequel je viens de faire la revue des divers établissemens consacrés aux sciences et aux arts. — Vous êtes trop honnête, et je vous sais gré de n'avoir point oublié la rue Copeau. — Votre santé ? comment la gouvernez-vous ? — Bien foiblement ; un rhumatisme douloureux me tourmente de temps en temps, et je ne dors point. — C'est sans doute l'excès du travail qui cause vos insomnies.... Pourquoi vous fatiguer ainsi? Je suis sûr que vous vous levez toujours de très-grand matin. — A trois heures je suis ordinairement à l'ouvrage. — Comment! monsieur, dit Théodore, vous vous levez à trois heures! c'est alors que je songe à me coucher. — Vous avez tort tous les deux, reprit Sainclair; vous, monsieur Aubry, de ne pas vous reposer davantage, et de ménager aussi peu des jours chers aux lettres et à tous ceux qui vous connoissent; vous, Théodore, d'user ainsi par des veilles votre santé, et d'abréger votre existence. — Ainsi, monsieur, continua Théodore, vous devez avoir le temps de lire tous les livres qui paroissent, et vous êtes parfaitement au courant des nouveautés en tout genre. — Vous êtes dans l'erreur; je n'ouvre pas un *seul* des ouvrages dont vous êtes inondé chaque matin. — Vous les trouvez donc mauvais? dit Sainclair. — Je ne prononce point sur leur mérite; mais je songerai à en faire usage, quand je serai las des immortelles productions de l'antiquité. Ainsi, je lirai vos historiens, quand j'aurai épuisé les beautés de Xenophon, de Tacite et de Tite-Live ; je recourrai à vos orateurs, quand Démosthènes et Cicéron me lasseront ; j'ouvrirai vos poëtes modernes, quand Homère, Virgile, Horace, Corneille, Racine, Lafontaine et Boileau cesseront de me plaire...... Enfin, je m'amuserai à courir après des coquillages, lorsque je ne trouverai plus à ramasser de l'or à pleines mains. — Votre système est un peu trop sévère. — Il est au contraire très-agréable. En effet, vous ne nierez pas que celui qui s'impose l'engagement de parcourir toutes les nouveautés du jour, ne s'expose à rencontrer vingt mauvais ouvrages pour un passable ? — Il est impossible de ne pas vous accorder une proposition aussi juste. — Ainsi donc, d'après votre aveu, je fais, à la vérité, le sacrifice de quelques traits brillans, de quelques pensées ingénieuses, de quelques réflexions justes et sensées; je me prive volontairement de lire une pièce de vers digne du temps que je chéris et que je regrette ; mais en revanche, de combien de compilations indigestes, qu'on vous donne sous le titre pompeux et mensonger d'histoire; de combien de discours maniérés, secs et froids, qu'on voudroit faire parler pour de la haute littérature ; de combien de vers, plats et sans goût, qu'on croit dignes d'arriver à la postérité la plus reculée, parce que Didot les imprime sur vélin ; de combien surtout de bouffonneries triviales, d'obscénités irréligieuses et de fables absurdes, ne suis-je pas délivré ? — Mais, monsieur, avec un certain tact, on n'est point la dupe des titres ni des éditions fastueuses ; (sous ce rapport vous avez tout ce qu'il faut pour être moins trompé qu'un autre) et on jette le livre à la première impertinence qu'on y trouve. — J'en reviens toujours à mon principe : il est sûr, il est inattaquable, et je m'y tiens. — Ainsi, vous ne connoissez ni les distiques de F***, ni les vers de La C***, ni les pénibles conceptions de V***, ni les satires de Ch***, ni les tragédies de Népom. Lem***, ni les odes du moderne Pindare, ni.... — Je pourrois vous dire avec plus de justice, ce que ce recteur d'une université d'Allemagne *, répondoit à un professeur qui lui parloit de grec : « Je vis fort agréable-

---

* Dans le *Ministre de Wakefield*.

» ment, fort tranquillement, » sans manquer de rien, et je » ne connois point le grec. » Je n'ai jamais entendu parler de ceux dont vous venez de me citer les noms, et j'ai vécu fort heureux, jusqu'ici, Dieu merci. — Mais au moins, monsieur, faites-vous quelque exception en faveur de Delille, Fontanes, Le Gouvé, Berchoux, Esmenard, et quelques autres, dont les talens nous consolent aujourd'hui de la perte de leurs illustres devanciers ? — Aucune ; et j'en reviens toujours à mes moutons. Je ne suis pas pour cela tout-à-fait étranger aux aimables productions de ces écrivains estimables ; j'en lis dans les journaux les passages les plus saillans, et cela me met fort à mon aise. — Tous ces gens de lettres que vous traitez si cruellement, vous appelleront un barbare, un homme de collége. — Libre à eux; mais ils ne me forceront pas à les lire ; et je gagerois que vous qui vous déclarez ici leur champion et leur apologiste, n'avez jamais lu deux fois leurs plus jolies productions modernes. C'est une vérité qui se confirme chaque jour ; tout ce que nous faisons est agréable, correct quelquefois, si vous voulez, mais manque de cette chaleur, de cette grâce, de ce je ne sais quoi, qui imprime à un ouvrage le cachet de l'immortalité; nous produisons encore quelques fleurs, mais rarement des fruits; nous plaisons aujourd'hui, et sommes oubliés le lendemain; nous écrivons pour nos contemporains, et nous ne vivrons point dans la postérité. — Permettez-moi de vous dire que ceci ressemble aux plaintes ordinaires de tous les vieillards.

Laudator temporis acti.

— Je sais d'avance le reproche qu'on peut me faire de regretter le passé, et de n'avoir de louanges que pour les *anciens* ; mais voici mon dernier mot en faveur de mon opinion. Tout n'a-t-il pas un commencement, un accroissement et une fin ? — D'accord. — Les lettres n'ont-elles pas été portées, sous Louis XIV, à une splendeur semblable à celle dont elles avoient joui dans les siècles brillans de Périclès, d'Auguste et de Léon X ? — En effet. — N'a-t-on pas vu ces célèbres époques du monde suivies de nuages épais, et d'une ignorance plus ou moins profonde ? — Il faut que j'en convienne. — Donc, car il s'agit ici de raisonner, et je n'ai point honte de recourir au syllogisme de l'école, tant ridiculisé par vos beaux esprits du jour, en dépit de vos académies, de vos athénées, de vos bibliothèques, ce soleil si brillant qui éclaira de tous ses feux le siècle de Louis-le-Grand, s'est éclipsé sensiblement, et s'éteindra tout-à-fait. Son absence replongera dans l'obscurité ce peuple si enorgueilli de ses lumières. Aucune puissance ne peut intervertir cet ordre constant de la nature, et je conviendrai avec vous, que s'il étoit donné à un mortel d'opérer ce prodige.... — Nous vous devinons, et tout le monde est d'accord sur ce que peut son son génie. Mais je ne crois point à l'accomplissement prochain de votre désolante prophétie. — Pour vous dédommager, Messieurs, de la perte des lettres, vous verrez les arts et les sciences exactes faire des progrès incalculables. La chimie, la botanique, les mathématiques, et tout ce qui s'y r'attache, atteindront la perfection humaine. On fera des découvertes précieuses ; on trouvera le secret de brûler moins de bois, et de produire plus de chaleur ; on verra succéder des lampes élégantes, économiques et pleines de clarté, à des chandelles [pardonnez-moi un mot ignoble] incommodes et malpropres ; on perfectionnera les *échelles à incendies ;* on bâtira des *maisons incombustibles ;* on fixera la marche jusqu'à présent errante et incertaine des ballons ; vous aurez enfin des *vélocifères ,* des *eaux épurées ,* la *pile galvanique ,* et des *bottes sans couture ,* et tout ce qu'il vous plaira ; mais vous perdrez chaque jour le goût des bons livres ; mais vous préférerez à Racine les drames des Boulevards ; mais la langue françoise ne sera plus qu'un mélange monstrueux de toutes les langues mortes et vivantes; mais vous retomberez dans la *barbarie*, et on dira de cette première capitale du monde, ce que le voyageur dit en visitant les ruines d'Athènes : « Là vivoit ce peuple aimable et spirituel, dont les ouvrages instruisoient et charmoient l'univers ; ce peuple sémillant et léger qui voloit à la victoire en chantant ; ce peuple enfin chez lequel on venoit de tous les points de la terre, apprendre l'art si difficile d'être aimable. » — Comment se fait-il, Monsieur, qu'ayant dit un adieu éternel à tout ce qui est nouveau, vous connoissiez si exactement le catalogue de nos brillantes découvertes ? — C'est malgré moi, je vous assure, que je suis si bien instruit. Je ne peux faire un pas sans être assommé de *prospectus*. Je n'entre pas dans une boutique, sans y trouver des *annonces*, des *avis*, des moyens nouveaux et faciles de tout apprendre en peu de temps, des *cours* dans toutes les langues et sur tous les sujets. Vous ne savez pas combien l'amour-propre, ou plutôt l'amour de l'argent est ingénieux pour faire circuler ces paperasses dans tous les quartiers de Paris ; il y a tel grammairien pour qui un afficheur habile est un personnage essentiel. Si je porte les yeux sur les murailles, puis-je m'empêcher de lire mille placards, plus ridicules les uns que les autres ?

— Votre *soleil* sera long-temps encore à s'éteindre. — Tant mieux pour vous ; mais il s'éteindra ; et c'est de quoi ne veulent pas convenir tous ceux qui tiennent aujourd'hui le sceptre de la littérature ; parce qu'il est cruel en effet d'avouer que nous décroissons, et que nous sommes dégénérés de notre antique gloire...... Mais, que fais-je ? j'ai tort de détruire une illusion flatteuse, et si chère à votre petite vanité. Non, Messieurs, rassurez-vous. J'avoue que vous avez des historiens, des poëtes épiques, tragiques, etc. Je suis un aveugle, un ignorant, un vandale, qu'on doit conduire, la torche au poing, faire amende honorable aux portes de l'*Institut*. — Vous nous raillez à présent ; mais vous-même, Monsieur, êtes notre meilleur argument contre vos ingénieux paradoxes. — Point de complimens. Je ne fais de satires contre personne, et n'attends de louanges de qui que ce soit. — Vous vous contentez d'un travail modeste et d'une gloire douce et tranquille. — Je cultive les lettres, parce que les plaisirs qu'elles procurent sont les plus réels et les plus nobles, après ceux que la vertu nous donne ; et sans courir après un vain bruit, une fumée, j'en aurai retiré un assez grand avantage si elles m'ont aidé à passer plus doucement ma vie. — Mon, cher Théodore, ne perdez pas un mot de cette intéressante conversation, nous en ferons part à ces petits auteurs, si enivrés d'eux-mêmes, qui crient à chaque instant que tout marche vers la perfection ; qui se proclament insolemment les restaurateurs du goût.... — Et qui, dit M. Aubry, semblables à ces rats qui s'étoient introduits dans une volière dont ils avoient chassé les anciens habitans, crioient fièrement :

Les oiseaux ne sont plus, et c'est nous qui régnons.

Messieurs, excusez-moi. Au risque de vous paroître bien extraordinaire, je vous annonce que l'heure de mon repas m'appelle. — Il est tout simple, quand on se lève à trois heures du matin, de souper à huit, pour se coucher à neuf; malgré notre querelle, nous sommes enchantés d'avoir eu l'honneur de vous voir, et permettez-nous de croire que, tant que vous serez habitant de ce pauvre pays que vous ravalez tant, il vaudra encore quelque chose. — Vous êtes bien bons. Adieu, Messieurs. — Monsieur, nous avons l'honneur de vous saluer.

CHAPITRE IX.

Le théâtre de la rue Saint-Victor.

Ou suis-je ? dit Théodore ; et qu'ai-je entendu ? Est-ce dans Paris, cette ville qui se croit le centre des lumières et des arts ; cette ville que les cent trompettes de la renommée proclament la première cité du monde, que mille écrivains mettent chaque jour au-dessus de tout ce qui a existé, est-ce dans Paris, dis-je, qu'on veut me prouver que nous touchons à la barbarie, et que nous marchons à grands pas vers l'ignorance et la stupidité ? Votre savant, mon cher Sainclair, est fort respectable, mais il a des visions, cela me paroît clair — Il falloit donc les combattre : vous m'avez laissé seul soutenir sa vigoureuse attaque. — J'étois atterré. Jamais je n'avois entendu un pareil langage. — Je le crois bien... Pour moi je suis fort ébranlé, et si, par amour-propre, je ne me croyois obligé à venger l'honneur de mon siècle, je me rendrois presque à l'avis du *radoteur*. — Quelle folie, mon ami ! à Dieu ne plaise que je dise du mal du grand siècle, mais les *gens aimables* du Marais n'avoient pas plus d'esprit qu'on n'en a aujourd'hui dans les cercles ; nos couplets sont mieux tournés et moins froids que les fades sonnets et les éternels madrigaux dont nos ayeux complimenteurs endormoient leurs belles maîtresses. Nous n'avons pas d'historiens... Eh ! bien, on ne lit pas l'histoire : on n'y perd pas grand chose ; c'est le plus souvent un tissu de mensonges. Nous manquons de poëtes épiques, tragiques... Qui est-ce qui s'amuse à lire un poëme en vingt-six chants ? — On ne va guère qu'au cinquième acte d'une tragédie ; et d'ailleurs n'avons-nous pas les *Templiers ?*

..... On en fait très-grand cas.

Mais en revanche nos petits vaudevilles sont charmans ; *Brunet* et *Thiercelin* copient la nature à ravir, madame *Quériau* danse comme un ange ; et... — A propos de spectacles, vous me faites songer que nous devons assister à celui de la rue Saint-Victor. Il est marqué sur mon itinéraire. — Mauvaise plaisanterie. — Point du tout. C'est là seulement que vous pourrez étudier le peuple habitant de ces faubourgs, et vous faire une idée des personnages capables de se plaire à de pareils divertissemens. — Je préférerois monter en voiture, et courir aux Italiens : nous arriverions encore assez tôt. — Fait comme vous êtes, encore tout plein de mille pensées savantes, vouloir entendre Elleviou et Chenard ! Reprenez vos sens. — Vous avez raison, la journée entière sera consacrée à l'exécution de notre singulier voyage, et ce soir, pour la première fois depuis dix ans, je me serai couché sans avoir été vu à un foyer. — Excellente recette pour faire parler de vous ! Il me semble déjà qu'on se demande : « Où est Théodore ? que lui est-il arrivé ? quelque nouvelle aventure en campagne. — Peut-être est-il indisposé, reprend un autre, en sifflant l'air à la mode. — Ce seroit dommage, dit un troisième ; car c'est le meilleur enfant que je connoisse, » et ainsi de suite. — Arrêtez, arrêtez de grâce : un quatrième interlocuteur pourroit survenir, et porter un tout autre jugement sur l'absent; car, vous le savez,

Les absens ont toujours tort.

— Où allez-vous, Théodore, où allez-vous ? Vous passez outre, et c'est ici l'entrée du *Théâtre Saint-Victor.* Voyez et lisez. — En effet, conduisez-moi ;

....De ce palais, vous savez les détours.

— Pas encore tout à fait. Voici la seconde fois que je pénètre dans cet humble sanctuaire de Thalie ; j'ai payé pour deux premières places, montons. — Et par où, s'il vous plaît ? — Par cet escalier, qui ne ressemble pas trop mal à une échelle. Je vous suis...... et vous me placez ? — Sur ces planches raboteuses. — Entre ce marinier et cette poissarde ? — Oui, mais parlez bas, et pour cause. »

Au bruit affreux qui régnoit dans la salle, aux cris qui s'élevoient de tous côtés, aux chants plus ou moins graveleux qui circuloient de bouche en bouche, au trépignement des pieds, aux battemens immodérés des mains, * qu'on joigne le spectacle de gens qui mangent, boivent, rient à gorge déployée, qu'on fasse brocher sur le tout quelques mauvais violons, et l'on n'aura encore qu'une foible

* Nous sommes forcés de convenir que le parterre des *Français* a trop souvent, sous ce rapport, une ressemblance frappante avec celui du théâtre des faubourgs. On est étonné d'entendre, dans le premier spectale de l'Europe, des vociférations et des hurlemens précurseurs d'une fête de Cannibales. Ces cris intempestifs ont peut-être leur source dans la fréquentation prématurée que font les jeunes-gens du théâtre, ou plutôt sont un reste de nos assemblées politiques, naguère si ridiculement, si atrocement bruyantes.

…dée du public rassemblé pour écouter les chefs-d'œuvres des *Guilbert-Pixérécourt*, *Volmérange*, *Palmaiseaux*, etc.

Il étoit huit heures, et malgré les aboiemens de la *populace* impatiente, le rideau ne se levoit point. — Voici au moins, dit Théodore, un côté par lequel ces baladins ressemblent aux sujets des grands théâtres : ils savent se faire attendre comme eux. — Sans en avoir les mêmes droits. — Ni les mêmes motifs, assurément. Quand le brillant acteur d'un grand spectacle n'est point rendu à l'heure fixe, (ce qui est rare) il est retenu dans quelque dîné charmant, dans quelque orgie délicieuse au bois de Boulogne, etc. Plus souvent encore, préférant la réalité à l'apparence, il trouve les momens trop courts et trop rapides, près d'une maîtresse adorée, ou dans les bras d'une innocente, que sa belle tournure et son jargon de coulisse ont séduite. — Ici, quelle différence ! grands dieux ! une paire de bas de soie qui manque, une robe qui se trouve décousue au moment de s'en servir, un haut-de-chausses, qui n'est point à la mesure d'un nouvel acteur, le serrurier du coin, machiniste-juré du théâtre, qui forge dans sa boutique quelque pièce indispensable pour les décorations ; l'allumeur des réverbères du quartier, qui n'a pas encore disposé les lampes à Quinquet, voilà les causes qui retardent les jouissances d'un public avide... — N'entends-je pas le bruit d'une sonnette? — Oui.... Bon, on va commencer.—Tant mieux, je me lasse d'attendre pour si peu de chose. »

En effet, l'orchestre composé de deux violons désaccordés, d'une clarinette glapissante, et d'un fifre criard écorchent une *ouverture ;* les spectateurs se remuent lourdement, se placent, et la toile levée laisse voir un perruquier gascon prenant une tasse de chocolat avec la gouvernante de Julie. *

— Ce gascon parle-t-il auvergnat ou normand ? dit Théodore. — Et cette vieille fille de cinquante ans est-elle propre à inspirer de l'amour à un jeune égrillard ? — Ne faisons pas la guerre pour des bagatelles. N'épuisons pas la critique dès le premier acte.

Grâce à la rapidité du débit

* Il est utile d'avertir nos lecteurs, qui ne sont point au fait de la littérature des Boulevards, que le *Mariage du Capucin*, de M. *Pelletier-Volmérange*, est un drame d'un *larmoyant comique*, que se disputent depuis long-temps tous les petits théâtres.

des acteurs, le premier acte fut bientôt terminé. Pour délasser les spectateurs fatigués d'une attention pénible, le pot de bierre, le flacon de vin empaillé circulent à la ronde, les noix et les pommes croqués tour à tour, formoient un concert digne d'une assemblée de rats. — Vous m'avez appris à jouir par les contrastes, dit Théodore : je mets vos leçons en pratique. Ainsi j'aime à comparer cette grosse femme, dont la figure est fortement enluminée, et dont les bras sont une masse de chair effrayante, dévorant bruyamment des fragmens de pâtisserie, à cette petite personne, toute pétrie de grâces et de mignardise, qui, dans sa loge à l'Opéra, effleure une glace du bout de sa cuiller, ou approche à peine de ses lèvres une orange de Malte. — Fort bien. Et pour achever le tableau, mettez en opposition ce fort de la Halle, dont les tresses monstrueuses, poudrées et repoudrées descendent élégamment sur sa large carrure, qui avale d'un seul trait une bouteille d'un vin bien épais et bien frelaté, avec l'*incroyable* du jour, qui se fait servir une limonade, dont il laisse les trois quarts. — Avec vos portraits, vous m'empêchez de voir les caricatures : le second acte est commencé, laissez-moi jouir. — Je ne vous ai pas amené ici pour siffler de pauvres acteurs, qui sont très-satisfaits d'eux-mêmes, et qu'il ne faut pas détromper; mais seulement pour juger la classe de gens qu'ils amusent. Examinez un peu cette jeune fille, placée vis-à-vis de nous, qui vivement émue par le récit des malheurs qu'a éprouvés Julie, verse de grosses larmes, et sanglotte de tout son cœur. — En effet, elle y va bon jeu, bon argent. Elle croit bien sincèrement que cette femme qui est là devant elle est fort à plaindre, et qu'elle est lâchement aban-

donnée par un mari cruel. —
Savez-vous que cette simple
créature jouit dans toute la plénitude du terme ; que son illusion est complète, tandis que
nous, dans la plus célèbre actrice, nous ne voyons presque
jamais Iphigénie, Andromaque
ou Didon, mais Duchesnois,
Georges ou madame Talma. —
Je conviens que pour leurs douze
sous, et sur leurs planches bien
dures, ces gens s'amusent plus
que nous dans nos belles loges.
— Remarquez-vous encore,
mon cher, comme tout ce qui
est sentimental est applaudi avec
fureur. — Oui, cette *canaille*
est sensible. — Parce que

l'homme est naturellement bon, et que peut-être la société seule l'endurcit et le rend cruel. C'est par cette raison que les auteurs du boulevard font plus couler de larmes que ceux qui écrivent pour les grands théâtres : on ne les voit fréquentés, pour la plupart, que par des gens riches, blasés sur tout, qui depuis l'âge de quinze ans, savent Racine et Voltaire par cœur, et ne trouvent plus rien de nouveau dans les chefs-d'œuvres de nos auteurs dramatiques. — Vous raisonnez fort juste. »

Mais le *capucin* est métamorphosé en un bel officier de hussards; il est reconnu par sa femme, qui s'évanouit, revient à elle et lui pardonne ; ses enfans l'embrassent, le gascon et la vieille gouvernante sont unis ensemble, et ce qui ne manque jamais d'arriver dans les comédies, et ce qui ne touche pas médiocrement ceux qui écoutent, cinquante bonnes mille livres de rentes, tout au juste, se trouvent en réserve pour récompenser l'épouse vertueuse qui a su par son courage et des travaux pénibles, conserver les jours de ses malheureux enfans. » On applaudit *à tout rompre* ; on demande l'auteur, les acteurs ; ni les uns ni les autres ne paroissent ; le tumulte est au comble ; la foule des spectateurs s'écoule avec fracas, et va remplir les caffés voisins. Nos observateurs restent presque seuls dans la salle, dont ils peuvent contempler à leur aise la grossière architecture, et les lambris couverts de toiles d'araignées.

« — Pendant que vous perdez votre temps à dire du mal de ce théâtre, dont il ne faut que rire, je fais mieux que vous, dit Sainclair, je promène ma lorgnette dans tous les recoins de la salle, et voilà que j'ai découvert... — Qui ? assurément ce n'est pas une élégante de la Chaussée d'Antin. — La personne qu'un heureux hasard offre à mes yeux, est... — Achevez donc. — Est mademoiselle Desvignes, qui vient au spectacle de son quartier, accompagnée d'une voisine qui n'est point mal du tout. — Et où voyez-vous ces deux beautés ? — Dans l'angle de la salle, à droite. — Ma foi, un amant n'y eût pas vu plus clair. Je me doutois bien que la petite personne vous avoit frappé.... Quittons ces balcons, et descendons dans l'humble parquet...... Il n'est rien que je ne fasse pour voir encore une fois les beaux yeux de mademoiselle Desvignes. —

Quelle folie! ne diroit-on pas que vous en êtes tombé amoureux? — Mon ami, il ne faut pas qu'une journée se passe sans une demi-aventure. — Je serai complaisant pour vous, puisque vous l'avez été pour moi. Descendons. »

Et voilà que nos jeunes-gens se glissent doucement et sans affectation auprès de la petite limonadière, et Théodore se retournant de son côté, dit à demi-voix : « Je ne croyois pas avoir le plaisir de retrouver ici la plus jolie femme du faubourg St.-Marceau ; il faut convenir que je joue de bonheur, aujourd'hui. — Et moi, je ne croyois pas que des *messieurs* accoutumés à fréquenter les grands spectacles, daignâssent s'abaisser jusqu'à nos petits théâtres. — Pourquoi pas, mademoiselle ? il faut tout voir, et d'ailleurs si l'on n'est pas toujours satisfait du jeu des acteurs, du choix des pièces, etc., on est amplement dédommagé par les charmantes figures qu'on y rencontre. — C'est-à-dire que vous venez ici pour vous moquer des acteurs et des spectateurs. — Vous êtes dans l'erreur, dit gravement Sainclair, et après avoir vu mille femmes dont la beauté est pour ainsi dire ensevelie sous les colifichets du luxe, nous trouvons du plaisir à rencontrer sous un costume simple et décent, une jeune fille bien belle et bien modeste. — Mais vous ne connoissez personne ici; vous n'y avez point d'intrigues à nouer; vous n'y trouvez point de ces jolis minois qui font tourner les têtes... et je ne sais comment vous ne rougissez pas de causer avec de *petites gens*. — Ah! vous raillez, méchante, dit Théodore; eh bien, sachez donc que les femmes qui font tourner les têtes vous ressemblent; que je me suis pris d'un beau feu pour vous, et que depuis l'instant où je vous ai quittée, je n'ai pas cessé de parler de vous à mon ami. — Vraiment? cela n'est pas possible. — Sachez, petite ingrate, que si de cet antre obscur vous vouliez faire un saut dans une arcade * des Italiens, vous verriez qu'on prend un vif intérêt aux demoiselles de ce quartier, qu'on apprécie leur mérite, et qu'enfin il ne dépend que de vous de monter dans un fiacre, et.... — Doucement, messieurs, doucement, n'allez pas si vîte en besogne, peut-être les belles dames qui

* On appelle ainsi des loges situées au haut de la salle, et qui servent quelquefois aux amoureux mystères.

fréquentent vos grands spectacles ne sont-elles pas fort scrupuleuses ; mais dans nos faubourgs on tient encore aux vieilles idées de sagesse, et j'interromprois les discours que vous me tenez, si je ne les prenois pour des folies, auxquelles vous ne pensez pas. — Voilà Pommadin * qui va vous mettre d'accord, dit Sainclair, et vous forcer à vous taire. — Je me moque des calembourgs et des farces de *Brunet*. Vous ne concevez pas quel dégoût m'inspirent ces trop fidèles imitations de tout ce que la société

* Piéce du théâtre Montansier.

a de plus vil et de plus grossier.
— Les gens riches peuvent rire un instant de ces charges grotesques ; mais comment le peuple, qui y trouve sa propre satire, peut-il y goûter quelque plaisir ? — Cependant, vous voyez comme on applaudit. — Ce sont les mauvais jeux de mots, les plates bouffonneries, et surtout les propos un peu lestes, qui excitent la grosse joie des spectateurs : ils ne voient pas plus loin. — Grand merci, messieurs, de vos complimens, dit d'un ton piqué, mademoiselle Desvignes. — Cette sortie ne s'adresse point à vous, aimable

enfant, on sait que les femmes vont rarement au spectacle pour la pièce, mais pour y montrer une robe nouvelle, une coiffure d'un genre nouveau, pour dire le lendemain : j'étois hier à la comédie ; Saint Val a joué comme un ange ; la petite Rosine ne savoit pas deux mots de son rôle, mais elle étoit mise à ravir, etc. etc...» Et puis, mademoiselle, vous avez tant pleuré pendant ce maudit drame ; ces tendres enfans qui ne cessoient d'embrasser leur mère, vous ont si vivement affectée ; ce capucin, qui redevient le père de ces petits malheureux, vous a tant émue par son repentir ; le lourd bâton dont il frappoit le plancher, sa longue barbe, ont produit un effet si tragique sur votre âme sensible, qu'il vous est bien permis de faire succéder la joie à la tristesse. — Mauvaise excuse, monsieur. — Ne vous fâchez pas, de grâce ; quittons-nous bons amis. — Je ne risque rien à vous le promettre ; peut-être ne vous reverrai-je jamais. — Qui sait ? combien ne voyons-nous pas de métamorphoses ! que de simples habitantes du faubourg, jadis en bonnet rond, parées d'une petite toile bien mince, et relevant leurs cheveux un peu gras avec l'humble peigne de corne, sont aujourd'hui, grâces à des traits charmans, transplantées dans les plus brillans quartiers de la capitale, où parées comme des fées, coîffées à la Niobé, et couvertes de perles et de diamans, elles marchent suivies d'un peuple d'adorateurs !... Si j'allois vous faire une réputation ; si.... »

Pendant que Théodore débitoit ses extravagances, un jeune homme du faubourg, ouvrier laborieux, venoit à la fin de sa journée, chercher mademoiselle Desvignes, avec laquelle il étoit en liaison approuvée par les parens. Etonné de voir l'objet de ses amours aux prises avec un rival si extraordinaire, et tant soit peu jaloux de son naturel, il n'osoit aborder l'objet aimé, mais il ne cessoit de le fixer d'un air menaçant. Sainclair qui, fermant l'oreille au bavardage de son ami, cherchoit à se distraire, en s'occupant de ce qui se passoit autour de lui, remarqua une certaine rougeur sur le front pudibond de la limonadière, et s'apperçut que ses yeux se tournoient avec inquiétude du côté du jeune artisan. « Finissez votre attaque, dit-il, à voix basse, à son ami, la placé est rendue depuis long-temps à un autre, et voici celui qui en est le maître, en lui désignant le jeune homme. — Eh ! bon Dieu ! que ne m'avertissiez-vous plutôt, dit Théodore, à mademoiselle Desvignes ; vous êtes jolie, on vous l'a dit, cela vous a plu ; vous aimez celui qui a su vous le dire mieux que les autres ; votre père consent à vous unir par les liens d'un bon et solide mariage ; rien de mieux. Adieu, mademoiselle ; je ne veux gêner les inclinations de personne ; vous ne pouvez m'aimer : je chercherai à m'en consoler ailleurs. Adieu. Sauvons-nous,

Sainclair : j'ai honte déjà de mon étourderie. »

Théodore prononça ces paroles avec tant de vivacité, que mademoiselle Desvignes, riant aux éclats, n'eut pas le temps de répondre à notre jeune fou. On espère qu'elle se sera raccommodée promptement avec son *futur*, et que les inconséquences de Théodore n'auront point nui à l'union des deux amans.

CHAPITRE X.

La place Maubert. — Conclusion.

« Avez-vous assez dit de folies à cette pauvre enfant? dit Sainclair à Théodore ; mais j'ai un conseil à vous donner : c'est de taire avec soin cette aventure amoureuse ; (car je crois bien que demain vous allez raconter votre grande expédition à tout venant.) — Point du tout, mon cher ; je veux faire de ce rien un roman tout entier. Je mentirai, comme c'est l'usage ; je soutiendrai effrontément que mademoiselle

Desvignes a une figure céleste, quoiqu'elle ne soit que passable ; je dirai que je lui ai tourné la tête, quoiqu'elle ne songe pas à moi ; que je suis fou de la petite personne, et pourtant demain je l'aurai totalement oubliée... ; que je veux pousser la chose à bout ; que si le père s'obstine, et si la demoiselle est constamment sage, je ne sais pas ce que je ferai. ... On saura dans le monde cette nouvelle fantaisie ; Rosine qui commence à me négliger, sera plus attentive ; Aglaé qui me croit destiné de toute éternité, à devenir son complaisant époux, craindra de me voir échapper de ses filets : voilà un moyen sûr d'être adoré. — Mauvais sujet! peut-on faire de semblables calculs! ce ne sont pas là les mœurs des bonnes gens du faubourg; imitez donc leur exemple, et devenez un peu sage, comme vous me le promettiez ce matin. — Cela ne viendra-t-il pas assez tôt?

« — Vous rappelez-vous, mon incorrigible ami, les poésies de ce *Vadé* qui, pour connoître à fond le langage des halles, venoit dans cette place Maubert, où nous sommes à présent, provoquer les écosseuses de pois ? — Autrefois j'ai lu ses *Bouquets pois-sards,* sa *Pipe cassée*, et j'ai ri de tout mon cœur.... Mais que s'ensuit-il ? — Il s'ensuit que je voulois vous demander si vous ne seriez pas curieux de vous faire accabler de gentillesses, par ces marchandes qui promènent leurs éventaires, éclairés des foibles lueurs d'une chandelle mourante ? — Quel projet ! peut-il entrer dans une tête bien organisée ? — Mon ami, il faut que demain vous puissiez rendre un compte fidèle de ce fameux faubourg que vous avez visité, et dans votre relation il ne faut point imiter les voyageurs, qui *men-*

tent, Dieu sait la joie. Il faut tout voir par vous-même. Je veux aussi que vous trouviez vingt fois plus douce et plus agréable la voix de vos *maîtresses* ; et pour cela je vais vous faire essuyer auparavant, l'assaut de ces voix criardes, glapissantes, enrouées et masculines. — Puisque vous êtes si curieux d'entendre les phrases élégantes qui sont en usage dans ces marchés, dirigeons nos pas vers l'angle de la place : je vois un rassemblement, et de temps en temps une voix plus aigüe perce à travers les cris de la foule ; j'augure que nous pourrons y faire un cours. »

Nos jeunes voyageurs s'avancent vers l'endroit désigné par Théodore. La scène se passoit à la porte d'un marchand de vin. Les champions étoient, d'une part, un grand garçon bien fait, de l'autre, sa femme, assez maltraitée de la nature, escortée de deux enfans en guenilles. Celle-ci, écumant de rage, arrachoit son mari du cabaret, où elle l'avoit trouvé buvant avec une jeune fille. Il falloit voir quels débats s'élevoient entre les personnages, comme on s'arrachoit les cheveux, et comme les vêtemens voloient en lambeaux ! « Malheureux, disoit la femme au mari, c'est donc pour c'te gueuse que tu m'abandonnes ? C'est pour nourrir mam'selle que j'mets mes effets au mont-de-piété, et que j'travaille nuit et jour comme une marcenaire ?.... Voyez donc ct'effrontée, de qual œil a m'regarde ; ça n'rougit pas pus qu'un plâtre. » Le mari, qui jouoit un fort vilain personnage, vouloit fermer la bouche à sa moitié furieuse. « N'approche pas, maudit coureur, damné libertin, ou j't'bouche l'œil avec mon poing ; et tes enfans, quoi qu't'en f'ras ? i n'ont pas d'pain, tandis que monsieur avec mam'selle, boit et mange à son aise. » Calmez-vous, calmez-vous, la voisine, disoient tour à tour les commères attrouppées autour de la femme, et ne vous mettez pas comme ça en colère, ça vous f'ra mal. — Ça vous est bien aisé à dire ? est-ce que ça vous regarde ? c'est-i pas mon *heume ?* »

Ce qui ne divertissoit pas moins nos jeunes-gens, c'étoit d'entendre les divers commentaires que chacun des assistans faisoit sur les acteurs de la scène. « — Dame ! disoit celui-ci, sa femme n'est pas belle. — C'est vrai, répondoit un second ; mais il voyoit clair, quand il l'a prise. — Il a tort, disoit un troisième ; on ne va pas comme ça dans son quartier, à sa porte, narguer sa femme. » Oui, j'entends, vous allez au loin, vous, vous cachez mieux vot' jeu. »

Voilà ce que disoient les hommes. La conversation se passoit fort tranquillement entr'eux. On est assez disposé à excuser des fautes dont on se sent coupable, ou prêt à l'être. Il y avoit beaucoup plus de trouble et d'agitation dans le cercle des curieuses que la dispute avoit attirées. — Dis donc, auroit-on pensé ça de ce saint n'y touche ? an dit ben vrai : y n'y a pire eau que l'eau qui dort. — Bah ! reprenoit une autre : est-c'qui n'en font pas tous de d'même? Qu'on est bête de s'amouracher de ces gueux d'hommes ! Pernez donc ben de la peine pour eux, et puis ils vous campent là. — Faudroit pas que M. Cadet s'avisât de me jouer pareil tour, disoit une troisième : i n'y s'roit pas ben venu, et sa guenon s'en r'tourneroit cheux elle mal équipée. — Laisse-donc, laisse-donc, tu f'rois comme les autres, ben du bruit l'premier jour, et puis t'y accoutumerois. Est-ce que tu peux empêcher la rivière de couler? »

Votre cours est-il fini, dit

Théodore à son ami, avez-vous sténographié cette burlesque comédie ? Ce seroit un morceau curieux à lire dans un cercle de la bonne compagnie. — Il pourroit bien y faire rougir plus d'une personne,

Si dans le monde on rougissoit encore.

La scène qui vient de se passer sous vos yeux, n'est qu'une charge grossière de ce qui pourroit se renouveler vingt fois par jour à la Chaussée d'Antin ; si l'on se fâchoit pour de semblables bagatelles. — N'a-t-on pas toujours agi de même ? nous ne sommes pas pires que nos pères, quoiqu'en dise le proverbe. — Vous pourriez avoir tort ; car lors même que j'avouerois avec vous que nos ayeux ne valoient pas mieux que leurs descendans, vous conviendriez qu'on sauvoit au moins les apparences. — Voilà un commentaire bien sérieux sur une misérable querelle dont je ne veux pas me souvenir. — Ni moi non plus.

Occupons-nous plus utilement. Récapitulons notre journée. Nous avons d'abord parcouru le *jardin du Luxembourg*. Il est beau, mais il est désert. Les physionomies y sont différentes de celles qu'on voit aux *Tuileries* ou aux *Champs-Elysées*. — Notre nourrice cependant n'étoit pas trop mal. — J'avoue qu'elle étoit jolie, mais pas de la même manière qu'on l'est aux *Boulevards*. Le Luxembourg est une belle promenade de province.

— Nous avons assisté à une séance de l'abbé Sicard. — A laquelle je me serois beaucoup plus amusé sans le bavardage de notre voisin, — Que voulez-vous faire à cela ? Ces jaseurs incommodes se rencontrent partout. Est-ce qu'un jour, au *Théâtre Français*, un original de Picardie ne faisoit pas un bruit épouvantable, en disant qu'il avoit payé quarante-quatre sous pour voir ; qu'il n'étoit pas venu de Picardie pour payer et se tenir de bout. On fut obligé de se fâcher pour le faire taire ; encore ne cessa-t-il de murmurer pendant toute la pièce. — Ce que vous me racontez ne m'étonne pas. Seulement je crois avoir remarqué que cette fureur de parler haut, et de prendre le public pour confident, est plus particulièrement inhérente aux habitans des rives de la Garonne. J'ai vu aux *Italiens* certain gascon tout courroucé d'avoir attendu pendant une heure et demie à la porte, répéter vingt fois dans le parterre, qu'à Bazas en Bazadois on n'attendoit jamais à la queue. — Je le crois. Dans ces petits *villages*, leurs granges, qu'ils appellent des salles de théâtre, peuvent contenir toute la population du pays. — Vous n'oublierez pas le café de la rue Mouffetard ? — Ne m'en parlez pas. Le minois de cette petite fille me trotte par la tête. Confiez ses beaux cheveux blonds à Michalon, * resserrez dans un corset élastique sa gorge charmante, passez-lui les bras et les mains à la pâte d'amande parfumée ; mettez-lui une robe

* Coëffeur, rue de Richelieu.

à l'espagnole, des bas de fil avec des à coins à jour, et des souliers-brodequins, vous en ferez un charmant morceau. — Mon ami, laissons-la comme elle est. Mademoiselle Desvignes est heureuse ; bientôt elle épousera son amant ; elle en aura cinq ou six enfans, qu'on élevera gaîment en travaillant Si vous en faisiez une dame, qui sait si elle gagneroit au change. — Et vos politiques ? ils m'ont fait mourir de rire, avec leurs nouvelles de six mois. — Je ne les trouve guère moins ridicules que ces gens qui se croient initiés dans tous les secrets des cabinets ; qui vous disent d'un ton emphatiquement affirmatif : telle chose aura lieu avant deux mois ; telle flotte ira là ; tel ambassadeur a tenu tel propos ; j'y étois. Et Dieu sait ce qu'il en est......... tandis que nos gens instruits un peu tard ne disent jamais que la vérité. Et le *Jardin des Plantes ?* vous devez être content d'avoir dirigé vos pas de ce côté ? Nous n'y avons pas trouvé de bavard. — Non, mais un empoisonneur : lequel vaut le mieux ? — Lorsque vous retournerez au *Jardin des Plantes*, n'entrez pas chez le restaurateur, j'y consens, mais allez porter quelques paroles de consolation à ces pauvres prisonniers de Sainte-Pélagie, ou bien quelques aumônes aux malheureux orphelins. * — Assurément, je n'y manquerai pas. Belille n'y sera plus, sans doute, mais j'y trouverai toujours des connoissances. Les pauvres jeunes-gens sont si trompés par les usuriers et les juifs, que le plus honnête homme se trouve pris. — Les juifs sont des juifs; pourquoi vous y frotter ? — Je ne vous parle point de la rue *Copeau*. Le bonhomme qui l'habite vous fait sourire de pitié, n'est-ce pas ? — Du moins

---

* L'hospice des Orphelins fait face au *Jardin des Plantes*.

vous conviendrez qu'il exagère, et l'on ne persuadera jamais aux auteurs qui se partagent aujourd'hui les couronnes, — et les appointemens, qu'ils ne sont pas de grands génies. — Je veux bien vous promettre de ne pas exposer aux sarcasmes des jolies femmes votre moderne Héraclite, à condition que vous me donnerez carte blanche sur l'article du *Théâtre de la rue Saint-Victor.* — Oui, oui, j'ai voulu vous instruire, et terminer la journée par une scène piquante. Ainsi demain, vous pouvez amuser vos dames en leur dépeignant *l'honorable assistance* qui garnissoit les loges. — J'aurai là un beau sujet à peindre. Je vais d'avance broyer les couleurs de ce tableau digne de *Callot.* — Avant de nous séparer je n'ai plus qu'une grâce à vous demander. — C'est ? — C'est de faire, sur tous les points de cette vaste capitale, de semblables promenades, et de ne pas vivre uniquement pour le plaisir. — Vous me demandez l'impossible. Vous ne me guérirez pas. — Allons, courage, vous pouvez reparoître sans crainte au milieu de ces cercles frivoles que votre absence fait languir. Vous n'avez point perdu les airs et le langage qui font qu'on y brille et qu'on y plaît. — Quelle heure est-il ? — Dix heures à la *Samaritaine*. — Il n'est pas tard. Je vais faire ma toilette, et courir chez Honorine : je sens que j'ai besoin de voir le monde. — Adieu, je vais entrer dans ce *Cabinet Littéraire*. — Pour cultiver les sciences, sécher sur les livres, devenir un grand savant, et puis aller mourir dans la rue Copeau, à un troisième étage. La belle fin !.... — Au moins elle sera paisible et honorable ; tandis que la vieillesse de l'homme, qui pendant sa vie n'a sacrifié qu'au plaisir, est remplie d'ennuis, de chagrins et d'amertume ; ses derniers jours se consument dans des regrets inutiles, dans le souvenir cruel du temps passé qu'il ne peut ressaisir, des jouissances qu'il désire avec les mêmes ardeurs, et que lui refusent ses forces épuisées dès longtemps. Heureux, si Céladon, ridicule et soupirant en cheveux blancs, il ne s'expose point aux railleries des jeunes-gens, et aux mystifications des femmes ! L'homme de lettres, au contraire, jouit pendant sa vieillesse des trésors qu'il amassa pendant chaque jour d'une longue carrière. Il peut se rappeler avec plaisir tous les instans de sa vie, parce qu'ils furent tous consacrés à acquérir des connoissances qui charmeront ses vieux jours, et il lui est permis de jeter ses regards vers un avenir où il espère que son nom vivra avec quelque gloire.

Belle conclusion, et digne de l'exorde!

— Adieu. Je vous promets de me corriger au premier voyage que nous ferons ensemble dans le pays des sciences et des arts....... Cocher, rue du Helder.

FIN.

Nous croyons faire plaisir à nos lecteurs, en terminant ce petit Voyage, par une Anecdote tirée de l'ouvrage intitulé *Pièces intéressantes et peu connues, pour servir à l'Histoire de la Littérature*, par M. D. L. P. Elle remonte à soixante ans et plus, et peut servir à faire connoître l'opinion défavorable que les gens riches avoient dès lors du faubourg Saint-Marceau.

LE MARCHAND DE MENU-BOIS.

ANECDOTE.

Il n'est si petit commerce, si petit métier, ni si petit talent qui, avec de l'activité, de la conduite, surtout avec l'amour et l'ambition de son état, n'acquiere insensiblement la vogue, et n'enrichisse enfin son homme.

Il y a environ quarante ans, qu'étant à dîner, en bonne

compagnie, c'est-à-dire, chez feu M. C***, l'un des principaux actionnaires et administrateurs de la compagnie des Indes, arrive, vers le dessert, un de ses commis, dont il reçoit un paquet de lettres, et qu'il place à côté de son assiette.

Aux instances réitérées des convives, M. C*** les ouvre, et les parcouroit d'un coup d'œil; lorsqu'une d'entr'elles l'arrête, et paroît exciter en lui un mouvement de surprise assez marqué pour les intéresser tous.

« Voyez, Messieurs, dit-il, si c'est à tort que ceci me surprend?.... Cette lettre de change, qui est de 20000 livres, et payable à vue, m'est envoyée de Cadix par un de mes correspondans, dont la prudence et la probité me sont également connues ; et cette même lettre est tirée sur M. M***, marchand de menu-bois, rue Saint-Hypolite. *

« Est-il quelqu'un de vous, Messieurs, poursuivit-il, qui sache ce que c'est que le commerce de menu bois? car je ne puis imaginer, quoique nous soyions en Carnaval, que ceci puisse être une plaisanterie, et surtout de la part d'un homme aussi grave que l'est celui qui me fait aujourd'hui cette singuliere remise. »

* C'est par erreur sans doute que M. D. L. P. a placé la scene rue Sainte-Apolline : il n'existe point de rue de ce nom dans le faubourg Saint-Marceau.

Sur l'aveu que chacun fait de son ignorance à cet égard, M. C*** fait appeler le sieur Sannier, son caissier, qui, après être convenu qu'il n'en sait pas plus que les convives, penche à croire, ainsi que nous, que cette lettre de change ne peut être, en effet, qu'une assez platte bouffonnerie, et que le plus court seroit de la renvoyer à Cadix.

Sur quoi, le feu comte de Caylus élevant la voix : « Je crois pourtant, Messieurs, dit-il, avant que d'en venir là, qu'il n'en coûteroit guere, pour savoir s'il existe, en effet, ou point, dans la rue Saint-Hypolite, un M. M***, marchand de menu-bois ?.... J'ai justement, en sortant de table, affaire dans ce quartier-là ; et si M. Sanier veut monter avec moi dans ma voiture, (au risque d'égayer un peu la populace à nos dépens) on saura, du moins, à quoi s'en tenir ! »

Chacun applaudit à la proposition du comte ; et m'étant offert à être de la partie, son cocher eut ordre de nous mener, tous les trois, rue Saint-Hypolite.

Après avoir, mais vainement, parcouru toute cette rue, sans avoir pu rien apprendre concernant M. M***, nous étions prêts à retourner d'où nous étions venus, lorsqu'une ravaudeuse apprit au laquais du comte, qu'il y avoit une autre rue St. Hypolite au faubourg Saint-Marceau, et que peut-être pourrions-nous y trouver notre homme.

Mais les motifs d'incrédulité du sieur Sannier, ne lui semblant alors que plus fondés, il avoit peine à se résoudre à cette nouvelle course, que mon avis étoit pourtant de risquer; mais le comte leva toute difficulté, en nous proposant de le descendre lui-même au coin de la rue de Richelieu, où il avoit, dans ce moment, affaire, et de nous laisser son carrosse, à condition de lui ramener après notre tentative, quelqu'en pût être le succès.

Arrivés enfin, le sieur Sannier et moi, à l'autre rue Saint-Hypolite, qui ne nous parut habitée que par des blanchisseuses, de pauvres artisans, et des soldats aux gardes; il s'écria, dans son patois languedocien : « Cavalisque! au diable, si j'entre plus avant dans cette vilaine rue, où jusqu'ici n'est peut-être entré une voiture telle que la nôtre.

» A la bonne heure! lui dis-je, mais puisque nous y sommes, vous permettrez du moins que mon domestique aille s'informer si, par hasard, notre M. M*** ne seroit pas un de ses habitans? »

La perquisition ne fut pas longue. Mon domestique, en revenant, l'instant après : « Oui,

Messieurs, nous dit il , M. M*** demeure vers le milieu de cette rue..... Mais, poursuivit-il, en souriant d'un air narquois, ce Monsieur est un marchand...... d'allumettes !

Eh bien ! Monsieur, vous le disois-je ? s'écria en riant Sannier, doutez-vous maintenant que ce soit un tour qu'on nous joue ? — Cela devient, Monsieur, fort probable..... Mais je ne me sens pas encore absolument battu. Je voudrois du moins voir ce M. M**, ne seroit-ce que pour savoir s'il a quelque part à cette facétie ? — A vous permis, Monsieur !..... quant à moi , je vais attendre ici de vos nouvelles. »

J'avoue, de bonne foi que l'entrée de la maison de M. M*** étoit si peu attrayante, que si je n'avois craint les railleries de mon compagnon de voyage, je n'eusse peut-être pas poussé plus loin l'aventure. C'étoit une longue allée, très-étroite, très-obscure, et qui n'étoit éclairée que par une foible lumiere, qu'on entrevoyoit dans le lointain!....... Je m'arme pourtant de courage, et j'enfile bravement ce noir guichet.

Mais je ne tardai pas à m'en applaudir, à l'aspect d'un très-joli jardin, au milieu duquel étoit un petit pavillon de bon goût, et où j'aperçus un homme entre deux âges, en robe de chambre de soie, et un bonnet de velours noir, brodé en or.

« Approchez hardiment, Monsieur, me dit il d'un air affable, en venant à ma rencontre, je sais ce qui vous amène ici... C'est une lettre de change de 20000 livres, tirée sur moi, de Cadix, n'est-il pas vrai ?..... Montez donc, de grâce, chez moi. Vous trouverez, et votre argent, et mon vin prêts. — Votre vin, Monsieur ! lui dis-je en riant à mon tour. — Oui, Monsieur, mon vin, vous dis-je. C'est une loi établie, de tous les temps, chez moi, que toute lettre de change, au-dessus de 6000 livres, n'y soit acquittée qu'après m'avoir fait l'honneur de goûter de mon vin ! — Oh ! très-volontiers, Monsieur.......... Permettez cependant que j'aille chercher mon camarade, porteur de la lettre, et qui m'attend dans sa voiture, au coin de cette rue. »

En rendant compte à mon incrédule Sannier, du succès de ma tentative, je lisois dans ses yeux, non-seulement l'excès de sa surprise, mais certain embarras qui m'annonçoit encore quelque ombre de défiance.

Aussi ne tarda-t-il pas à m'en convaincre, par les doutes dont il ne put s'empêcher de me faire part, tant sur la véracité de mon récit, que sur les risques à courir, au cas que de si brillantes apparences ne servissent à mieux couvrir quelque piége, aussi dangereux pour nous, qu'ils lui paroissoient vraisemblables.

« Eh bien, Monsieur, lui dis-je, de l'air impatienté que m'inspiroient ses craintes, restez donc ici, donnez moi la lettre de change, et si je ne vous en apporte pas le montant, d'ici à un quart-d'heure, voici un corps-de-garde très-voisin, avec le secours duquel vous pourrez, ou me venir tirer d'embarras, ou venger la mort que mon imprudence aura méritée. »

Ce propos, lâché d'un ton ferme, ébranla assez le languedocien, pour le disposer enfin à me suivre.

Le marchand d'allumettes, qui avoit pénétré le motif de son retardement : « Il n'est pas étonnant, nous dit-il, Messieurs, que bien des personnes se soient déjà prévenues, tant contre le quartier que j'habite, que contre l'entrée, aussi étroite que ténébreuse, de ma maison. Les raisons qui me forcent à ne pas la quitter, sont que je la tiens d'un oncle qui y avoit commencé son établissement; qu'elle étoit propre, et même nécessaire à son commerce ; et que, lorsqu'en mourant, il m'en laissa propriétaire, ainsi que de sa fortune, il me recommanda très-expressément, de la garder tant que je continuerois de suivre le même négoce. Quant au défaut de lumière qui, sans doute en entrant dans mon allée, vous a choqué : c'est que ce que vous avez pris pour des murs, ne sont que des piles d'allumettes, faisant partie de mon magasin, et proche desquelles vous sentez combien des lanternes mêmes pouroient être dangereuses ! »

Pendant cette explication, un domestique couvroit une table d'un gros jambon de Bayonne, accompagné de deux saucissons de Bologne, et décoiffoit un flacon de Champagne mousseux, dont il fallut tâter, sous peine de n'être pas payé. Et attendu l'agréable franchise avec laquelle le bonhomme nous y invitoit, ainsi que la bonté du vin, nous nous livrâmes sans peine à ses instances.

« Ma foi, Monsieur ! s'écria

tout à coup Sannier, tout est bien surprenant chez vous!........ Mais ce qui m'étonne pourtant le plus, c'est de voir un marchand d'allumettes acquitter, d'aussi bonne grâce, des lettres de change de 20000 livres à vue! — Cette espèce d'énigme va s'expliquer, répondit M. M***; vous voyez que cette lettre est tirée de Cadix... C'est un des principaux chefs-lieux de mon commerce, tant pour ce qui regarde l'Espagne, que pour les Indes, que je fournis d'allumettes, ainsi que la plupart des colonies angloises et hollandoises. C'est mon digne oncle qui, le premier, s'est avisé de ce nouveau commerce, qui s'y est acquis une réputation que j'ai tâché de soutenir avec honneur, et qui a complété la fortune dont je jouis........ Mais vous allez, sans doute, m'objecter, ajouta-t-il, que dans ce cas c'est moi qui devrois tirer sur l'Espagne, et non pas l'Espagne sur moi...... C'est que mon correspondant à Cadix se trouve maintenant en avance pour des marchandises des Indes, que je l'ai prié de m'acheter, et que je sais où remettre.

» Rien de si clair et de si satisfaisant, Monsieur! lui dîmes-nous, et nous ne pouvons que nous applaudir d'avoir rencontré cette occasion de faire connoissance avec un négociant, si vraiment estimable! »

Sannier alors lui remit la lettre

de change, que l'honnête marchand offrit de nous payer en or, pourvu cependant que nous consentissions de vider le second flacon qui venoit d'être décoiffé. Ce qu'après avoir accepté, avec grand plaisir, nous prîmes congé de lui, en emportant son or, avec la plus haute idée, tant de ce que valloit un tel homme, qu'avec la certitude qu'il n'est ni si petit commerce, et surtout à Paris, qui, avec de l'intelligence et de la conduite, ne puisse, en effet, tôt ou tard, enrichir celui qui s'en occupe tout entier.

TABLE.

CHAPITRE Ier. Le lever d'un jeune homme. — Sa correspondance. — Son déjeûner. . . . . . Page 1

CHAP. II. Le Luxembourg. — Les galeries ds Rubens, Lesueur et Vernet. — La belle nourrice. — Les Chartreux. 23

CHAP. III. Une séance de M. l'abbé Sicard. — L'homme de province. 59

CHAP. IV. Le café de la rue Mouffetard. — Les politiques du faubourg. — La jolie limonadière. . . . 82

CHAP. V. Le jardin des Plantes. — La ménagerie. — L'éléphant. — Le cabinet d'histoire naturelle. . 109

CHAP. VI. Dîner chez le restaurateur du Jardin des Plantes. . . . 135

TABLE.

Chap. VII. Le prisonnier pour dettes.
Page 151

Chap. VIII. Le savant de la rue Copeau. 171

Chap. IX. Le théâtre de la rue Saint-Victor. 207

Chap. X. La place Maubert. — Conclusion. 239

Anecdote tirée des pièces intéressantes et peu connues, publiées par M. D. L. P. 263

FIN DE LA TABLE.

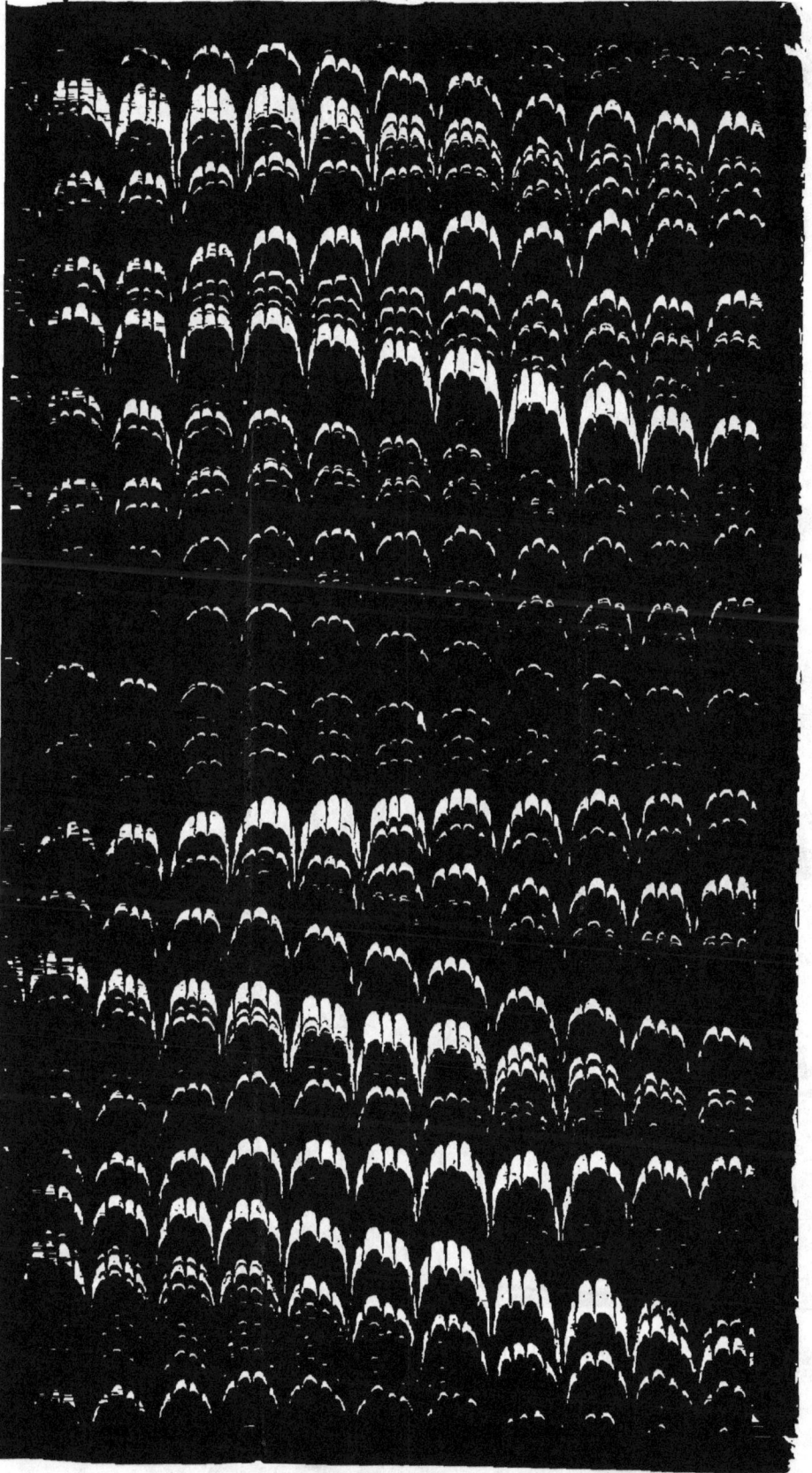

www.ingramcontent.com/pod-product-compliance
Lightning Source LLC
Chambersburg PA
CBHW071419150426
43191CB00008B/977